Jeder Schuß ein Genuß

Impressum

Herausgeber: Schützenverein Waldlust Linden - Thalhofen
Mitarbeiter: Albinus Inge, Heiserer Gerhard, Hölzle Peter
Titelseite: Hans Müller
Druck: EOS, St. Ottilien
Verlag: BAUER-VERLAG, Thalhofen
April 1996   *   ISBN 3-930 888-18-1

Inhalt

Seite	15	Suppen
Seite	27	Salate/Beilagen
Seite	33	Fleisch
Seite	51	Geflügel/Wild
Seite	63	Fisch
Seite	73	Auflauf
Seite	83	Nudeln
Seite	89	Pikantes
Seite	105	Mehlspeisen
Seite	115	Nachspeisen
Seite	121	Kuchen/Torten
Seite	135	Gebäck

Die Mengenangaben beziehen sich - soweit nicht anders angegeben - auf vier Personen.

Grußwort

"Essen und trinken hält Leib und Seele zusammen". Wer kennt dieses Sprichwort nicht? In der Tat: Was gibt es oft Schöneres, als im Kreis der Familie oder mit lieben Freunden ein gutes Essen und einen edlen Tropfen zu genießen. Daß sich die Ernährungsgewohnheiten in den letzten Jahren allerdings stark gewandelt haben, zeigt ein anderes Sprichwort: "Sag mir was du ißt, und ich sage dir, wer du bist". Ein gestiegenes Gesundheitsbewußtsein, neuere Erkenntnisse der Ernährungswissenschaft und eine "Fitness-Welle" haben sich auf unseren Speisezettel ausgewirkt.

"Light ist in" heißt es vielfach. Eine moderne Lebensmittelindustrie überschwemmt uns mit einer Vielzahl von Light-Produkten. Am Zeitungskiosk gibt es zudem kaum noch eine Zeitschrift, die nicht irgendeine Diät anpreist - vielfach mit erheblichen negativen Nebenwirkungen.

Nach wie vor sollten für das Essen einige wichtige Grundsätze gelten. Ein gesundes und genußreiches Essen beginnt schon beim Einkauf. Trotz Konserve und Tiefkühltruhe: Frische sollte in jedem Fall oberstes Gebot sein.

Schon im Mittelalter galt hinsichtlich der Ernährung des Menschen folgender Grundsatz:

"Iß das, was dir die Region und die Jahreszeit geben".

Mehr als in der Vergangenheit sollten wir diesen Spruch beherzigen und konsequent auf heimische Produkte zurückgreifen. Auch der Glaube, daß an 365 Tagen des Jahres jedes Lebensmittel verfügbar sein muß, ist ein Irrweg. Je nach Jahreszeit wechselte in früheren Generationen der Speisezettel in der Familie.

Trotz allem: Essen ist mehr als nur eine sinnvolle Zusammenstellung der Komponenten Kohlehydrate, Eiweiß und Fett. Wir sollten uns auch nicht tagtäglich mit Kalorientabellen und Diätplänen selbst unter Druck setzen. Essen ist letztlich auch ein Stück Genuß und Lebensfreude. Essen soll und darf Spaß machen.

Ich wünsche Ihnen jedenfalls viel Freude und Erfolg beim Nachkochen der Rezepte.

Mit den besten Grüßen

Ihr

Franz Pschierer,
Mitglied des Bayerischen Landtags
Schirmherr des Gauschießens 1996

Vereinschronik des Schützenvereins Waldlust Linden-Thalhofen

Im Dezember des Jahres 1921 versammelten sich im Gasthaus Blasi in Linden Bürger aus Linden und Thalhofen mit der Absicht, einen Schützenverein zu gründen. Bei dieser Versammlung traten 23 Personen dem Verein bei. Der Name des neugegründeten Vereins war "Zimmerstutzen-Schützengesellschaft Waldlust Linden". Aus dieser Zeit sind leider keine Protokolle mehr vorhanden. Diese Schriftstücke sind - mit Ausnahme einer Abschrift der Statuten mit dem Datum 18.12.1921 - am Ende des 2. Weltkrieges verloren gegangen.

Nach Angaben des am 01.05.1974 noch lebenden Gründungsmitgliedes Anton Hartmann setzte sich die erste Vorstandschaft des Vereins wie folgt zusammen.

1. Schützenmeister	Ulrich Schmid
2. Schützenmeister	Ignaz Kunz
Kassier	Josef Blasi
Ausschußmitglieder	Ludwig Lampert und Johann Heiserer

Als Schießlokal wurde das Gasthaus Blasi in Linden bestimmt. Geschossen wurde jeden zweiten Samstag während der Winterzeit. Es ist damit zu rechnen, daß im Laufe des 2. Weltkrieges der Schießbetrieb eingestellt wurde.

Zur Wiedergründung des Schützenvereins kamen 1954 im Gasthaus Grotz in Thalhofen eine größere Zahl von Schießbegeisterten zusammen. Dabei erklärten 28 Anwesende den Beitritt zum Verein. Als Name des Vereins wurde Waldlust Thalhofen-Linden gewählt. Dieser Name wurde später in Waldlust Linden-Thalhofen umgeändert. Als Schießlokal wurde die Gastwirtschaft Grotz in Thalhofen gewählt und bis 1979 beibehalten. Die Schießabende waren vorwiegend in der Herbst- und Winterzeit.

Vom 1. bis 10. Januar fand traditionsgemäß immer das Königsschießen statt; die Königsproklamation ist beim Schützenball.

Bei der Jahresversammlung am 25. April 1970 erinnerte der Schützenmeister Mathias Häfele an das 50jährige Bestehen des Schützenvereines im nächsten Jahr. Zu diesem Jubiläum wurde eine Fahnenweihe geplant und mit dem Bieranstich am 29. Mai 1971 im Festzelt in Linden eröffnet. Am Sonntag 30.05. erfolgte um 9 Uhr in der Pfarrkirche in Stöttwang die feierliche Fahnenweihe und am Nachmittag nahmen in Thalhofen und Linden 35 Vereine und Musikkapellen am Festumzug teil.

Mit Schreiben vom 08.07.1977 teilte die Gemeinde Stöttwang dem Schützenverein mit, daß im Zuge des Mehrzweckhallenbaues Räume für den Schießsport eingerichtet werden sollen. Nach einer ersten Ablehnung und längerer Diskussionen erfolgte bei einer zweiten Versammlung Zustimmung zu dem Angebot der Gemeinde.
Mit einem Eröffnungsschießen am 29.12.1979 wurde die Schießanlage der Bestimmung übergeben.

25 Jahre nach der Wiedergründung führte der Schützenverein ein Jubiläumsschießen durch. Dazu waren auch die Schützen der Nachbarvereine Römerturm Aufkirch, Tell Dösingen, Kronprinz Rupert Mauerstetten und Bayrisch Hiasl Osterzell eingeladen. Höhepunkt des Schießens war ein Festabend mit Preisverteilung und einer Bockversteigerung. Am Preisschießen nahmen 159 Schützen teil.

1990 hatte der Verein die Aufgabe, das VG-Schießen zu organisieren. Alle Schützenvereine der Verwaltungsgemeinschaft Westendorf nahmen mit 219 Schützen teil.

Zum 70. Jubiläum des Schützenvereins Waldlust wurde 1991 nur ein kleines Jubiläumsschießen durchgeführt, da man plante, aus Anlaß des 75jährigen Jubiläums im Jahr 1996 das Gauschießen durchzuführen.

Gerhard Heiserer
1. Schützenmeister

Suppen

16	Allgäuer Brezensuppe
17	Brätstrudelsuppe
18	Leberknödelsuppe
19	Gebackene Knödel
20	Grünkernklößchensuppe
21	Lauch-Grieß-Suppe
22	Hühnersuppe
23	Hühner-Curry-Suppe
24	Kürbissuppe
25	Gulaschsuppe

Salate/Beilagen

28	Griechischer Bauernsalat
29	Tabbouleh
30	Lauwarmer Pfifferling-Salat
31	Pikanter Rindfleischsalat
32	Kartoffelgratin

Fleisch

34	Gefüllter Braten
35	Zwiebelfleisch
36	Schweinebraten mal anders
37	Baisweiler Schnitzel
38	Schnitzeltopf
39	Zwiebelschnitzel
40	Chinesische Fleischpfanne
41	Holzfäller Pfanne
42	Pflaumenbraten
43	Steppenlendchen
44	Festtagsbraten
45	Gepökelte Rinderzunge in Madeirasoße
46	Geschmortes Rinderherz
47	Chili con Carne
48	Kasseler in Blätterteig
49	Letscho mit Dauerwurst

Geflügel/Wild

52	Hähnchenbrust paniert
53	Hähnchen nach "Art des Küchenchefs"
54	Portwein-Poularde mit Champignons
55	Putenbrust im Blätterteig-Mantel
56	Ente mit Orangen
57	Gefüllte Ente mit Sahne Sauce
58	Gefüllter Fasan
59	Wildhase pikant
60	Rehrücken in Rahmsauce
61	Hirsch- oder Rehbraten
62	Lammbraten mit Kartoffeln n. Zwiebeln

Fisch

64	Forelle blau
65	Kräutergefüllte Forelle
66	Karpfengulasch
67	Französisches Fischgericht
68	Fischfilet St. Tropez
69	Scholle
70	Delikate Fischpfanne
71	Miesmuscheln in Weißwein

Auflauf

74	Zucchini-Auflauf
75	Überbackene Auberginen
76	Rosenkohl überbacken
77	Gratin Savoyarde
78	Kartoffelgratin mit Hüttenkäse
79	Kartoffelauflauf mit Käse
80	Bosnischer Kartoffelauflauf
81	Lauchauflauf
82	Hackfleisch-Gemüse-Auflauf

Nudeln

84	Nudel-Käsesalat
85	Spaghetti-Eintopf
86	Lasagne
87	Tortellini-Auflauf
88	Bandnudeln mit Spinat

Pikantes

90	Kartoffelskuchen
91	"Broasmer" oder Kartoffelbrösel
92	Laubfrösche
93	Blumenkohl mit Schinken
94	Bauernbrote
95	Rustikales Zwiebelbrot
96	Blätterteigtaschen Hawaii
97	Gemüsekuchen "Quiche"
98	Tiroler Gröstl
99	Frühlingsrollen
100	Gemüsezwiebeln mit Schmelzkäsekruste
101	Blätterteig-Hackfleischroulade mit Gemüse
102	Pizzafladen
103	Naturreispfanne
104	Grünkernküchle

Mehlspeisen

106	Dampfnudla
107	Quarkknödel
108	Semmelschmarrn
109	Reisauflauf mit Obst
110	Apfelbettelmann
111	Krautschlangen
112	Allgäuer Käsespatzen
113	Krautspätzle
114	Russische Käsetörtchen

Nachspeisen

116	Mascarpone-Creme
117	Brandy-Buttermilch-Pudding
118	Halbgefrorenes
119	Walnußhalbgefrorenes mit Aprikosenmark

Kuchen/Torten

122	Schützenzopf
123	Herrenkuchen
124	Apfelkuchen
125	Amerikanischer Pfirsichkuchen
126	Käseheidelbeerkuchen
127	Bananenkuchen
128	Frankfurter Kranz
129	Mocca-Joghurt-Torte
130	Marmorierte Himbeertorte
131	Johannisbeertorte
132	Rhabarber-Quark-Torte
133	Pfirsichtorte

Gebäck

136	Nußecken
137	Hasenohren
138	Hawaiischnitten
139	Gefüllte Mandelstangen
140	Schützenmeisters liaabste Lebkucha
141	Lebkuchen

Gebet vor dem Essen

Gott, wir loben dich für unser Leben,
für das Reiche und Schöne,
für das Bedürftige und Schwere. -
Gib uns im Mahl neues Leben:

Leben aus deiner Weisheit und Macht,
Leben aus deiner Fülle und Liebe,
Leben aus diesen Speisen
durch Christus, unsern Herrn. Amen.

Gebet nach dem Essen

Danken wollen wird dem Herrn
für alles, was er uns gegeben:
für Frucht und Brot, für Speis und Trank,
auch für die Gemeinschaft um den Tisch,

für das Gespräch und alles Liebe,
das der andere uns erwiesen.
Danken wollen wir dem Herrn
für alles, was er uns gegeben. Amen

Suppen

Allgäuer Brezensuppe
von Adolfine Weber, Poststellenleiterin Stöttwang

4	Brezen
1	Zwiebel
50 g	Butter
1 l	Fleischbrühe
40 g	ger. Emmentaler
1 EL	Schnittlauch (gehäuft)

Die Brezen in Scheiben schneiden.

Die Zwiebel schälen und fein hacken. Butter in einer Pfanne erhitzen. Die Brezenscheiben und die gehackte Zwiebel darin goldgelb anrösten und in vorgewärmte Teller geben.

Die Fleischbrühe in einem Topf erhitzen und in die Teller gießen. Die Suppe mit geriebenem Emmentaler und Schnittlauch bestreuen.

Man kann noch gekochtes, in Würfel geschnittenens Rindfleisch in die Suppe geben, um sie gehaltvoller zu machen.

Brätstrudelsuppe
von Hermann Unglert,
2. Schützenmeister beim Schützenverein
St. Georg Untergermaringen

Für die Pfannkuchen:		Für die Füllung:	
250 g	Mehl	500 g	Brät
3	Eier	2	Eier
1 Pr.	Salz		Salz
	Milch		Pfeffer
	Öl zum Ausbacken	1/2	Zitrone (Schale)
			Muskatnuß
		250 ml	Milch
			Semmelbrösel nach Bedarf

Aus den Zutaten für die Pfannkuchen einen zähflüssigen Teig herstellen und in der Pfanne dünne Pfannkuchen ausbacken.

Aus den Zutaten für die Füllung ebenfalls einen Teig herstellen. Dabei beachten, daß die Semmelbrösel aufquellen, deswegen nicht zuviel verwenden.

Die Pfannkuchen mit dem Brätteig dünn bestreichen, zusammenrollen und in Rollen (circa zwei Zentimeter dick) schneiden. Die Rollen auf einem Blech aufstellen und im Backrohr circa 15 Minuten bei 150 ° C trocknen.

Am nächsten Tag die Fleischsuppe herstellen und die getrockneten Brätstrudel darin heiß werden lassen. In Suppentellern anrichten und mit Schnittlauch bestreuen.

Leberknödelsuppe
von Otto A. Haltenberger,
Schriftführer des CSU - Ortsverbandes Stöttwang

	Leberknödel:			Suppe:
250 g	gemahlene Rinderleber	3 - 4		Suppenknochen
4 - 5	altbackene Semmeln	1		Markknochen
	(geschnitten)	1	kl. Stück	Rindfleisch
200 ml	lauwarme Milch (circa)	1	große	gelbe Rübe
1	Ei	1		Zwiebel
1	mittelgroße Zwiebel	1	Stange	Lauch
	Majoran	2 - 3		Lorbeerblätter
	Pfeffer			
	Salz			

Für die Leberknödel die geschnittenen Semmeln circa 20 Minuten in lauwarmer Milch einweichen. Die kleingeschnittene Zwiebel in etwas heißem Fett andünsten. Die Semmelmasse, die Leber, die Gewürze und die Zwiebel gut miteinander vermischen und abschmecken. Je nach Bedarf so viel Semmelbrösel zufügen, bis die Masse so fest ist, daß Knödel geformt werden können. Die Knödel in kochendes Salzwasser einlegen und je nach Größe 20 bis 30 Minuten köcheln lassen.

Das Suppenfleisch mit den restlichen Zutaten im offenen Schnellkochtopf kalt ansetzen und dann zum Kochen bringen. Der sich bildende Schaum wird entfernt und der Kochtopf geschlossen. Dann auf Stellung 2. Ring circa 30 Minuten kochen lassen. Die Suppe in einen extra Topf abschöpfen und mit einem Brühwürfel nach Geschmack würzen.

Die fertigen Knödel in die Suppe geben und das Ganze nochmals erhitzen.

Diese Leberknödelsuppe schmeckt himmlisch!

Gebackene Knödel

von Konrad Schwaier,
1. Schützenmeister
der Andreas - Hofer - Schützen Holzstetten

5 Eier
Salz
Schnittlauch
Semmelbrösel

Ausbackfett

Eier mit Salz schaumig rühren. Den Schnittlauch und soviel Semmelbrösel dazugeben, bis ein leichter bis mittelfester Teig entsteht.

Den Teig mit einem Eßlöffel zu Knödeln formen und diese in der Friteuse oder schwimmend im Fett ausbacken.

Die Knödel, eventuell zusammen mit Brät- oder Leberknödeln, in einer Fleischsuppe servieren.

Grünkernklößchensuppe

von Brunhilde Duschek,
Damenleiterin des Schützengaus
Kaufbeuren/Marktoberdorf

60 g		Butter
2		kleine Eier
1	TL	gekörnte Brühe
1	TL	Kräutersalz
40 g		geriebener Käse
140 g		Grünkern (frisch gemahlen)
2	EL	Petersilie

Die Butter mit den Eiern, der Gemüsebrühe und dem Salz verrühren. Den geriebenen Käse und das Grünkernmehl untermischen. Das Ganze 20 Minuten quellen lassen.

Mit einem nassen Teelöffel Klößchen von der Grünkernmasse abstechen und in siedender Brühe 20 Minuten ziehen lassen.

Die Suppe mit Petersilie bestreuen und servieren.

Lauch-Grieß-Suppe
von Anja Vetter,
Mitglied der KLJB Stöttwang

2 - 4 Stangen	Lauch
1 - 2	Gelberüben
30 g	Fett
1 1/4 - 1 1/2 l	Wasser
4 - 6 EL	Grieß
	Gewürze
	(Salz, Muskat,
	Suppengewürz...)

Den Lauch waschen und Scheiben schneiden. Die Gelberüben ebenfalls waschen und in kleine Würfel schneiden.

Das Gemüse in heißem Fett andünsten, mit Wasser aufgießen und zum Kochen bringen. Grieß ins kochende Wasser geben und noch circa zehn Minuten bei niedriger Temperatur weiterkochen lassen.

Zum Schluß mit Salz und Gewürzen je nach Belieben abschmecken.

Hühnersuppe
von Erhard Rauche,
1. Vorstand des ländlichen Reit- und Fahrvereins Gennachtal e.V.

1	Suppenhuhn (1,5 kg)
1	Zwiebel
3	weiße Pfefferkörner
	Salz
80 g	Butter
80 g	Mehl
2 EL	Curry (gestrichen)
1 P.	grüne Erbsen (TKK)
1/2 B.	Sahne (125 g)

Das küchenfertige Huhn gut säubern und abtrocknen. Zwei Liter Wasser zum Kochen bringen, das Huhn hineinlegen und die geschälte Zwiebel, die Pfefferkörner und Salz hinzufügen. Etwa zwei Stunden kochen lassen.

Das Huhn herausnehmen und abkühlen lassen. Das Fleisch von Haut und Knochen lösen und in große Stücke schneiden. Die Hühnerbrühe durch ein Sieb abgießen.

Aus Butter und Mehl eine Einbrenne herstellen. Das Currypulver unterrühren, aber nicht bräunen lassen. Mit der Brühe aufgießen und aufkochen.

Die Erbsen in die Suppe geben. Bei schwacher Hitze zehn Minuten kochen lassen. Das Suppenfleisch zufügen und die Sahne unterrühren. Das Ganze kurz erwärmen. Gut abschmecken.

Diese Suppe ist als Vorspeise sehr gut geeignet.

Dazu schmeckt geröstetes Toastbrot.

Hühner-Curry-Suppe
von Xaver Demmler,
1. Bürgermeister in Stöttwang

4		Puten- oder Hähnchenfilets
3/4	l	Hühnerbrühe (Instant)
20	g	Fett
2	EL	Mehl
1	EL	Curry
1	B.	Sahne
1		Mango
1	D.	Ananas
		Salz
		Pfeffer
		Koriander
150	g	TK-Erbsen
		Blattpetersilie

Das Puten- bzw. Hähnchenfilet waschen, trockentupfen und in der Brühe bei schwacher Hitze 20 Minuten garen. Das Fleisch herausnehmen.

Das Fett in einem Topf erhitzen, Mehl darin anschwitzen, Curry zufügen und mit Hühnerbrühe und Sahne ablöschen.

Die Mango schälen. Das Fruchtfleisch vom Stein lösen und in Stücke schneiden. Die Ananas abtropfen lassen.

Das Filet in kleine Stücke schneiden. Die Erbsen circa fünf Minuten in der Suppe garen. Die Suppe mit Salz, Pfeffer und Koriander würzen. Das Fleisch und die Ananas- und Mangostückchen zur Suppe geben, abschmecken.

Mit Petersilienblättchen garniert servieren.

Ich mag´s, weil es was anderes ist und trotzdem sehr gut schmeckt!

Kürbissuppe
*von Wilhelmine Merk,
Schützin beim Schützenverein Waldlust*

```
500 g   Kürbis
1 1/2 l Fleischbrühe
        Salz
        Zucker
        Curry
1/2 T.  Sahne
        geröstete
        Weißbrotwürfel
```

Das Kürbisfleisch kleinschneiden, in der Fleischbrühe weichkochen und pürieren. Mit Salz, Zucker und Curry abschmecken. Mit der Sahne verfeinern.

Die fertige Suppe mit gerösteten Weißbrotwürfeln servieren.

Guten Appetit!

Gulaschsuppe
*von Hans Klöck,
Mitglied des Festausschusses beim
Schützenverein Waldlust*

500 - 700	g	Rindfleisch	1	EL	Paprikapulver
2		große Zwiebeln	1	TL	Salz
1		rote Paprikaschote	1	TL	Pfeffer
1		grüne Paprikaschote	1 - 2		Knoblauchzehen
3 - 5		Kartoffeln	1 1/2	l	Wasser (circa)
2	EL	Tomatenmark	1		Brühwürfel
1	TL	Rosmarinpulver	1/2	TL	gem. Kümmel
1	TL	Majoran	1	EL	Mehl
			1	Pr.	Thymian

Das Rindfleisch in Würfel schneiden. Die Zwiebeln schälen und ebenfalls würfeln. Beides im Schnellkochtopf scharf anbraten.

Die in Streifen geschnittenen Paprikaschoten und die gewürfelten Kartoffeln zugeben. Würzen und mit dem Wasser aufgießen. Den Brühwürfel dazugeben.

Den Schnellkochtopf verschließen. Wenn zwei Ringe erscheinen, noch 20 Minuten kochen lassen.

Zum Schluß nochmals abschmecken.

Salate/Beilagen

Griechischer Bauernsalat
*von Wolfgang Sieder,
Schriftführer beim Schützenverein St. Georg
Untergermaringen*

1	Salatgurke
2	grüne Paprikaschoten
400 g	Tomaten
2 - 3	Zwiebeln
250 g	Schafskäse
1 Gl.	schwarze Oliven
	Salz
	Pfeffer
1	Knoblauchzehe
4 EL	Öl
2 EL	Essig
1/2 TL	Majoran

Salatgurke, Paprikaschoten und Tomaten waschen und putzen. Die Tomaten achteln, die Gurke in Scheiben schneiden und die Paprikaschoten entkernen und in Würfel schneiden. Die Zwiebeln schälen und in Ringe schneiden. Den Schafskäse würfeln. Die Oliven abgießen.

Alle Salatzutaten auf vier Tellern anrichten, mit Salz und Pfeffer würzen.

Die Knoblauchzehe zerdrücken und mit Öl, Essig und Majoran zu einer Marinade rühren.

Die Marinade über den Salat gießen.

Dazu paßt Stangenweißbrot.

Tabbouleh
von Bernhard Lepple, Redakteur bei der Allgäuer Zeitung

```
   100 g  geschroteten Weizen
           (=Bulgur - beim Türken erhältlich)
     3    mittelgroße, feste Tomaten
   120 g  Zwiebeln
     1 Bd. Petersilie
     4 EL frisch gepreßter Zitronensaft
 1 1/2 TL Salz
     4 EL Olivenöl
 1 1/2 TL frische, grüne Minze
           (oder 2 1/2 TL trockene,
           feingeriebene Minze)
           große Salatblätter zum
           Anrichten
```

Weizen (Bulgur) in heißem Wasser einweichen (etwa eine halbe Stunde), im Sieb abtropfen und mit einem Tuch trockendrücken.

Alle Zutaten sehr fein schneiden und mit dem Weizen vorsichtig (eventuell mit zwei Gabeln) vermischen. Den Zitronensaft daruntermischen.

Kurz vor dem Servieren mit Olivenöl und Minze abschmecken und auf den Salatblättern anrichten.

Lauwarmer Pfifferling-Salat
von Bernard Litt, Bewirtschaftung Schützenstüberl Irsee

500	g	Pfifferlinge
2		Fleischtomaten
150	g	Speckwürfel
3		Schalotten
5	EL	Balsamico-Essig
2	EL	Himbeer-Essig
7	EL	Olivenöl
1	TL	Salz
		Pfeffer aus der Mühle

Die Pfifferlinge waschen und drei Minuten in kochendem Wasser blanchieren, danach abschrecken.

Die Tomaten schälen und in Würfel schneiden. Den Speck ebenfalls würfeln, mit den Schalotten glasig dünsten und zu den Pfifferlingen geben.

Essig und Öl daruntermischen und mit Salz und Pfeffer würzen. Das Ganze eine Stunde ziehen lassen.

Den Salat im Wasserbad erwärmen und anrichten.

Dieser Salat eignet sich als Vorspeise. Man reicht dazu Baguette.

Pikanter Rindfleischsalat
von Rita Klöck,
Mitglied beim Schützenverein Waldlust

500 g	gekochtes Rindfleisch	6 EL	Gewürzgurkenwasser
2	Zwiebeln	6 EL	Öl
2	Essiggurken	1 EL	Ketchup
2	mittelgroße Möhren (gekocht)	1 Pr.	Knoblauchsalz
		1/2 TL	schwarzer Pfeffer
1	rote Paprikaschote	1/2 TL	Salz
100 g	Champignons	1 EL	Essig
1	großer Apfel	1 EL	Wasser
1/2 Bd.	Petersilie		

Das Fleisch in Würfel schneiden (ca. 2 cm groß).

Die Zwiebeln schälen und in Ringe schneiden. Die Gewürzgurken dünn schälen und mit den gekochten Möhren in Scheiben schneiden. Die Paprikaschote waschen, abtrocknen, halbieren, von Rippen und Kernen befreien und die Schotenhälften in Streifen schneiden.

Die Champignons waschen, abtropfen lassen, putzen und vierteln, größere Pilzköpfe achteln. Den Apfel schälen und achteln. Die Achtel in Scheiben schneiden. Die Petersilie waschen, abtropfen lassen und kleinschneiden.

Alles locker in einer Schüssel mischen.

Gurkenwasser, Öl, Ketchup, Essig, Wasser, Knoblauchsalz, Salz, Pfeffer und Petersilie verrühren. Die Salatsauce über das Gemüse und das Fleisch gießen und zugedeckt eine Stunde ziehen lassen.

Kartoffelgratin
von Inge Albinus,
Schriftführerin beim Schützenverein Waldlust

	Pellkartoffeln
300 g	Emmentaler oder Gouda
1 B.	Sahne
	Gewürzsalz
	Pfeffer

Die gekochten Kartoffeln schälen, in Scheiben schneiden und in eine gefettete Auflaufform schichten. Mit Salz und Pfeffer würzen, anschließend den geriebenen Käse darüberstreuen.

Das Ganze wiederholen, bis Kartoffeln und Käse aufgebraucht sind. Zum Schluß nochmals dick mit Käse bedecken.

Einen Viertelliter Sahne über den Gratin gießen und circa 30 Minuten bei 175 ° C im Backofen leicht einköcheln lassen, bis eine hellbraune Kruste entsteht.

Je nach Belieben kann auch gekochter Lauch oder anderes Gemüse lagenweise dazwischen gegeben werden.

Guten Appetit!

Fleisch

Gefüllter Braten
mit Kartoffelknödel und Blaukraut
von Margarete Essenwanger, Schützenheimwirtin in Ebenhofen

1 kg	Schweinehals oder -bauch
375 g	Hackfleisch
125 g	Brät
1	Semmel
	Salz
	Pfeffer
2	Eier
2	Karotten (geraspelt)
	Zwiebeln
	Lauch
	Petersilie
1 P.	Knödel halb und halb
	Käsewürfel
1 D.	Blaukraut

Eine Tasche in das Fleisch schneiden.

Alle übrigen Zutaten miteinander vermengen, in das Fleisch füllen und zunähen. Den Braten bei 180 ° C circa zweieinhalb Stunden garen.

Den Braten herausnehmen und die Soße binden.

Das Knödelpulver nach Anweisung zubereiten. Beim Formen jeweils einen Käsewürfel in die Mitte geben. Die Knödel im Salzwasser ziehen lassen.

Das Blaukraut ebenfalls nach Anweisung zubereiten.

Am besten schmeckt dazu ein kühles Bier.

Zwiebelfleisch
von Andrea Hölzle,
Mitglied der KLJB Stöttwang

1 kg	Schweinehals
2 P.	Zwiebelsuppe
2 B.	Sahne

Den Schweinehals in Scheiben schneiden und in eine feuerfeste Form legen.

Die zwei Päckchen Zwiebelsuppe und die Sahne darübergeben.

Das Ganze bei 180 ° C circa 90 Minuten garen.

Dazu serviert man Nudeln oder Spätzle.

Schweinebraten mal anders
von Alfred Jocher,
Sportleiter des Schützenvereins Waldlust

1	kg	Schweinefleisch
		aus der Keule
		Pfeffer
		Salz
2 - 3	EL	süßer Senf
40	g	Margarine oder Butter
4		Zwiebeln
1/8	l	helles Bier
2	EL	Weizenmehl
3	EL	kaltes Wasser
100	g	Champignons
		Zucker

Das Fleisch abtrocknen, rundum mit Pfeffer und Salz einreiben und mit süßem Senf bestreichen. Eine Stunde ziehen lassen.

Das Fett erhitzen und das Fleisch darin von allen Seiten gut anbraten, der Senf darf jedoch nicht dunkel werden.

Die Zwiebeln würfeln und anbräunen. Das Bier hinzugeben und im geschlossenen Topf 90 Minuten garen.

Mehl und Wasser verrühren, den gesiebten Bratensatz dazugeben und kochen lassen. Abschmecken.

Der Senf gibt diesem Gericht das richtige Aroma.

Dazu empfiehlt die Küche Salzkartoffeln, etwas Gemüse und ein kräftiges Märzenbier.

Baisweiler Schnitzel
von Charly Marth,
Beisitzer bei den Edelweißschützen Baisweil

5	Schweineschnitzel
	Mehl
4	große Zwiebeln
300 g	Allrauchschinken
5 B.	Sahne
	Salz
	Pfeffer

Die Schnitzel klopfen, salzen, pfeffern, eventuell mit etwas Knoblauch einreiben, in Mehl wälzen und von beiden Seiten braten. In einer Auflaufform schräg aufstellen.

Die Zwiebeln und den Schinken würfeln und andünsten. Jeweils zwischen zwei Schnitzel einen großen Löffel von der Schinken-Zwiebel-Masse geben. Mit Schlagsahne übergießen, bis die Schnitzel leicht bedeckt sind. Zugedeckt für drei Tage in den Kühlschrank stellen.

Die Schnitzel zugedeckt im Backrohr eine Stunde bei 225 ° C garen.

Dazu reicht man Weißbrot, Salat und Weißwein.

Schnitzeltopf
von Irmgard Salger, Schützenverein Römerturm Aufkirch

4		Schnitzel
4	Sch.	gekochter Schinken
200	g	durchwachsener Speck
1		Zwiebel
1	B.	Sauerrahm
1	D.	Pilze geschnitten (groß)
		Salz
		Pfeffer

Die Schnitzel würzen und unpaniert braten.

Den Speck und die Zwiebel andünsten, den Schinken und die Pilze dazugeben und mit Pfeffer würzen. Den Sauerrahm hinzufügen.

Die Schnitzel in einen Topf legen und die Schinken-Zwiebel-Masse darüber verteilen.

Im Backrohr circa 90 Minuten bei 180 ° C schmoren lassen.

Zwiebelschnitzel

*von Norbert Hartmann,
1. Schützenmeister des Schützenvereins
Blattlschoner Oberbeuren*

6		Schweineschnitzel (nicht geklopft)
1	P.	Zwiebelsuppe
250	g	geröstete Zwiebeln
100	g	geriebener Käse
2	B.	saure Sahne (groß)

Die Schnitzel ungewürzt in eine gefettete Auflaufform geben.

Die Zwiebelsuppe, den Käse, die saure Sahne und die Röstzwiebeln miteinander verrühren und auf dem Fleisch verteilen.

Im vorgeheizten Backofen bei 180 ° C etwa 45 Minuten backen.

Als Beilagen eignen sich Salzkartoffeln oder Folienkartoffeln.

Chinesische Fleischpfanne
von Dorothea Haftstein, Geschäftsinhaberin in Linden

400 g	Schweinefleisch			Salz
2 Stangen	Bleichsellerie			weißer Pfeffer
2 Stangen	Lauch	4	El	Sojasauce
2	Zwiebeln	50	ml	Weißwein
1 El	Petersilie	5	g	Speisestärke
4 El	Bratfett (Biskin)	100	g	TK-Erbsen
1	Knoblauchzehe			
1 El	Ingwer (eingelegt)			

Das Schweinefleisch abwaschen, mit Haushaltspapier trockentupfen und in hauchdünne Scheiben schneiden. Den Bleichsellerie und die Lauchstangen gründlich unter fließendem Wasser waschen. Die Zwiebeln schälen. Den Sellerie in Streifen, die Zwiebeln und den Lauch in feine Ringe schneiden. Die Petersilie waschen, trockentupfen und fein hacken.

Das Bratfett in einer großen Pfanne erhitzen und das Fleisch bei sehr starker Hitze unter ständigem Wenden circa sechs bis acht Minuten braten. Herausnehmen und warmstellen. Im Bratfett das vorbereitete Gemüse kurz anbraten und das Fleisch wieder hinzufügen. Die Knoblauchzehe schälen, fein hacken und mit dem Ingwer ebenfalls in die Pfanne geben. Mit Salz, gemahlenem Pfeffer und der Sojasauce pikant abschmecken.

Die Speisestärke mit dem Wein anrühren und in die Pfanne gießen. Die tiefgefrorenen Erbsen in die Pfanne geben und fünf Minuten köcheln lassen.

Vor dem Servieren mit Petersilie garnieren.

Als Beilage eignet sich körnig gekochter Reis. Wenn Sie den Reis in der Sauce mitkochen lassen, beträgt die Kochzeit 25 Minuten. Das Fleisch fünf Minuten vor dem Servieren dazugeben.

"Holzfäller-Pfanne"
von Reinhold Heel,
1. Schützenmeister Edelweiß Baisweil

500	g	Schweinelende
250	g	geräucherter Schweinebauch
500	g	Kartoffeln
1 - 2		Zwiebeln
1		Knoblauchzehe
50	g	Butter
200	g	Emmentaler
3		Eier
		Salz
		Pfeffer
		Kümmel
		Majoran

Die Kartoffeln kochen, schälen und in Scheiben schneiden.

Die Schweinelende und das Bauchfleisch in kleine Stücke schneiden.

Die Butter in einer großen Pfanne erhitzen. Die gewürfelten Zwiebeln und das Bauchfleisch darin andünsten. Anschließend das Lendenfleisch dazugeben und alles kräftig anbraten. Zwischendurch die zerdrückte Knoblauchzehe hinzufügen.

Die Kartoffelscheiben dazugeben und mit anbraten. Nach Geschmack würzen. Die Eier hinzufügen und verrühren. Wenn die Eier gestockt sind, den geriebenen Käse darüberstreuen.

Mit einem Deckel abdecken und die Pfanne vom Herd nehmen. Wenn der Käse zerlaufen ist, servieren.

Dazu schmeckt ein gutes Bier.

Dieses Gericht läßt sich beliebig verändern, z.B. mit Nudeln statt Kartoffeln oder anderen Fleisch- bzw. Käsesorten.

Pflaumenbraten
von Sylvia Kukla,
Schriftführerin beim Schützenverein Blöcktach

1	kg	Schweinelende am Stück
1	D.	Trockenpflaumen
3/4	l	lieblicher Weißwein
2	B.	Sahne
		Salz
		Pfeffer
		Majoran
evtl.		Speisestärke zum Binden

In die Mitte der Lende ein Loch stechen und dieses mit einem Kochlöffel etwas weiten. Das Fleisch mit ausreichend Trockenpflaumen füllen, mit Salz, Pfeffer und Majoran einreiben und rundherum in heißem Fett anbraten.

Den Braten herausnehmen und das Fett abgießen. Mit Wein und Sahne aufgießen. Bei 200 ° C circa 90 Minuten zugedeckt im Backofen braten.

Eventuell noch etwas Sahne und Wein aufgießen, die übrigen Pflaumen dazugeben und noch circa zehn Minuten anbraten.

Soße mit etwas Speisestärke andicken.

Dazu passen Kroketten.

Steppenlendchen
von Gertraud Scheuermann, Schützin bei den Tellschützen Dösingen

400	g	Schweinefilet
2	EL	fette Speckwürfel
2	EL	durchwachsenene Speckwürfel
4	EL	gehackte Zwiebel
4	EL	Apfelwürfel (säuerlich)
1	EL	Tomatenmark
1	EL	Paprikapulver (mild)
1	EL	Mehl
1/8	l	Fleischbrühe
3	EL	Sahne
		Salz
		Pfeffer
		Zucker

Das Filet salzen, pfeffern, in Paprikapulver und Mehl wenden und in einer Pfanne auf beiden Seiten anbraten.

Die Speckwürfel im Schmortopf auslassen, Zwiebeln hinzufügen und das Ganze goldgelb braten. Die Apfelwürfel unterrühren und einige Minuten schmoren. Tomatenmark und Paprika dazugeben, mit etwas Mehl bestäuben und mit Fleischbrühe und Sahne aufgießen. Mit Salz, Pfeffer und Zucker abschmecken.

Das inzwischen gebratene Schweinefilet einlegen und bei schwacher Hitze noch weitere fünf Minuten garen.

Dazu passen Spätzle und ein Salatteller.

Ich wünsche gutes Gelingen und einen guten Appetit!

Festtagsbraten

von Anneliese Kustermann,
2. Schützenmeisterin der Edelweiß-Schützen
Frankenried

2	Schweinefilets
800 g	rohes Wammerl (fein und lang geschnitten)
750 g	Brät
6	Eier
1 Gl.	Champignon
	Rahm
	Mehl
	Semmelbrösel
	Zwiebel
	Suppengrün

Das Filet mit Salz und Pfeffer würzen. Das Wammerl schuppenartig auslegen.

Bräthülle herstellen. (Wie bei Brätknödeln, jedoch ohne Milch und Zitrone, dafür mit 6 Eiern.) In die Bräthülle ganze Champignons hineindrücken. Die Brätmasse auf das Wammerl streichen und das Filet umstreichen. Das Filet mit dem aufgelegten Wammerl einwickeln und mit Spagat binden.

Im Backofen bei 170 ° C circa 60 bis 90 Minuten braten.

Die Soße mit Mehl und Rahm binden. Die Zwiebel und das Suppengrün dünsten und dazugeben. Geschnittene Champignons beifügen.

Den Festtagsbraten auf einer Platte servieren. Zum Garnieren eignen sich Williamsbirnen, die mit Preiselbeermarmelade gefüllt sind.

Guten Appetit.

Gepökelte Rinderzunge in Madeirasoße

von Jürgen Specht,
Kommandant der Freiwilligen Feuerwehr
Stöttwang

1		gepökelte Rinderzunge
1		Zwiebel
1		Lorbeerblatt
2		Nelken
1	TL	weiße Pfefferkörner
3		Schalotten
1	TL	Butter
1	Gl.	Madeira
1	Msp.	Thymian
1	P.	Bratensoße (für 1/4 l)
1/8	l	Rotwein
		Pfeffer
etwas		saure Sahne

Die Zunge mit Wasser bedeckt im Schnellkochtopf aufsetzen. Zwiebel, Lorbeerblatt, Nelken und Pfefferkörner mit in den Topf geben. Circa eine halbe Stunde kochen. (Zungenspitze sollte sich leicht eindrücken lassen.)

Die Zunge abziehen und in Scheiben (0,5 cm dick) schneiden.

Für die Soße Schalotten schälen, würfeln und in Butter goldgelb dünsten. Madeira und Thymian hinzufügen und kurz kochen lassen. Das Soßenpulver mit dem Rotwein verquirlen, dazurühren und aufkochen. Mit Pfeffer und Sahne abschmecken. Die Zungenscheiben in der Soße erhitzen.

Dazu passen Kartoffelpüree und grüne Bohnen im Speckmantel.

Geschmortes Rinderherz
von Peter Hölzle,
2. Schützenmeister beim
Schützenverein Waldlust

1 kg	Rinderherz
	Fett zum Anbraten
	Salz
	Pfeffer
3	Zitronenscheiben
3	Lorbeerblätter
3/4 l	Wasser
etwas	Mehl

Das Rinderherz abtrocknen und mit Salz und Pfeffer würzen. Auf beiden Seiten in Fett anbraten und mit Wasser aufgießen. Die Zitronenscheiben und Lorbeerblätter dazugeben.

Das Fleisch im Sicomatic-Topf circa 50 Minuten dünsten, dann die Soße mit Mehlteig binden. Nach Belieben aufgießen und nachwürzen.

Das Rinderherz heiß servieren!

Dazu passen Salzkartoffeln sehr gut.

Chili con Carne
von Bertram Maria Keller,
Lokalredakteur beim Kreisboten-Verlag Kaufbeuren

500 g	Rinderhack
2 - 3	große Zwiebeln
	Chilipulver
	Kräuter nach Geschmack
	Paprikapulver
evtl.	Knoblauch
400 g	Tomaten (kleingeschnitten)
1 D.	Kidney-Bohnen (400 ml)

Nach einem harten Tag in der Redaktion kann mich nur noch eines richtig auf die Beine stellen: ein richtig deftig-feuriges Chili.

Dazu bräune ich das Hackfleisch - natürlich ausschließlich Rinderhack - in der Pfanne. Die möglichst kleingeschnittenen Zwiebeln werden genauso wie Chilipulver (es gibt eine hervorragende mexikanische Würzmischung zu kaufen), Paprika, Kräutersalz, Pfeffer und - wer Angst vor Dracula hat -, kleingehackte Knoblauchzehen daruntergerührt. Das Fett bitte abgießen, dann kommen rund 400 Gramm kleingeschnittene Tomaten (auf keinen Fall aus Holland!) dazu. Alles auf kleiner Flamme 15 Minuten köcheln lassen. Danach mit den roten Kidney-Bohnen mischen und auf Blattsalat servieren.

Das Chili eignet sich aber auch hervorragend als Füllung für Tacos oder einfach als eine Art feuriger Eintopf.

Ein trockener leicht gekühlter Rotwein löscht ein wenig das mexikanische Feuer, das diese Speise entfacht.

Guten Appetit!

Kasseler im Blätterteig
von Hedwig Unglert,
Wirtin vom Schützenheim Edelweiß in Altdorf

300 g	TK-Blätterteig
1,2 kg	mageres, gekochtes, Kasseler ohne Knochen
1	Ei

Blätterteig antauen lassen. Den Backofen auf 210 ° C vorheizen.

Die Blätterteigscheiben zu einem Rechteck zusammenlegen. Vier bis fünf Streifen (einen Zentimeter breit) mit dem Teigrädchen abradeln und zur Seite legen. Das Fleisch auf den Teig legen.

Das Ei trennen. Die Teigränder mit etwas verquirltem Eiweiß bepinseln. Die Ränder übereinanderdrücken und die Blätterteigrolle mit der Naht nach unten auf ein kalt abgespültes Backblech legen.

Das restliche Eiweiß mit dem Eigelb verquirlen, den Blätterteig damit bestreichen und die Teigstreifen gitterartig über die Rolle legen. Nochmals mit Ei bestreichen und den Braten auf der zweiten Schiene von unten bei 210 ° C circa 30 Minuten goldbraun backen.

Dazu passen Kroketten oder Stangenweißbrot und gemischter Salat.

Letscho mit Dauerwurst

*von Agnes Ellenrieder,
Schützin beim Schützenverein Waldlust*

1	kg	Paprikaschoten
300	g	Tomaten
200	g	Zwiebeln
200	g	Dauerwurst
		(Lyoner, Wiener)
150	g	Räucherspeck
3	TL	Paprika (edelsüß)
1	TL	Paprika (scharf)
60	g	Reis
		Salz

Den Räucherspeck in kleine Würfel schneiden und bei mäßiger Hitze braten, bis er glasig ist. Die feingeschnittenen Zwiebeln dazugeben und goldgelb rösten. Mit dem Paprikapulver bestreuen.

Die Tomaten vierteln, die Paprikaschoten in Ringe schneiden. Beides zum Speck geben und nach Belieben salzen.

Alles weiterdünsten, bis die Paprikaschoten halbgar sind. Die in Scheiben geschnittene Wurst beifügen und den halbgekochten Reis dazugeben und fertigkochen.

*Wenn Sie einen Fehler finden,
das war beabsichtigt.*

*Wir wollen in unserem Buch für jeden etwas bringen
und es gibt immer wieder Leute,
die nach Fehlern suchen.*

Wild/Geflügel

Hähnchenbrust paniert
von Christine Hölzle, Schützin beim Schützenverein Waldlust

1	küchenfertiges Hähnchen
	Salz
	Pfeffer
	Mehl
1	Ei
	Semmelbrösel
	Fett zum Ausbacken

Das Hähnchen auftauen lassen. Brustschnitzel und Schenkel vom Knochen lösen. Mit Salz und Pfeffer leicht würzen.

Das Fleisch zuerst in Mehl, dann im verquirlten Ei und zuletzt in den Semmelbröseln wenden.

Bei mäßiger Hitze im Fett ausbacken.

Guten Appetit!

Hähnchen nach "Art des Küchenchefs"

*von Gerhard Lengger,
1. Schützenmeister beim Schützenverein
St. Georg Untergermaringen*

1	Hähnchen (1,1 kg)	
500 g	Brät	
1 kleine	Paprikaschote rot	
1 kleine	Paprikaschote grün	
1	Zwiebel	
250 ml	Milch	
20 g	Butter	
2	Eier	
3 EL	Semmelbrösel	
2 EL	Petersilie (gehackt)	
	Salz	
	Pfeffer	
	Muskat	
	Fondor	
1	Knoblauchzehe	
6 Sch.	rohes Wammerl	
	Kümmel (ganz)	
	Butter	

Das Hähnchen auslösen, mit Salz und Pfeffer würzen und mit dem Wammerl belegen.

Die Milch und die Butter erwärmen, unter das Brät rühren und mit Salz, Pfeffer, Muskat und Fondor würzen. Die Eier nach und nach unterrühren und mit den Semmelbröseln zu einem Teig schlagen.

Die Paprikaschoten halbieren, waschen und fein würfeln. Die Zwiebel und die Knoblauchzehe ebenfalls fein würfeln. Zusammen mit der Petersilie unter das Brät mischen. Die Brätmasse auf das Hähnchen verteilen, zusammenrollen und zubinden.

In einem Bräter im Backofen bei 180 ° C circa 70 Minuten braten, dabei öfters wenden und aufgießen. Zum Schluß den Bratenfond zu einer Soße binden.

Dazu passen Bandnudeln und ein grüner Salat.

Portwein-Poularde mit Champignons
von Helmut Vorbach
Pfarrgemeinderatsvorsitzender in Stöttwang

1	Poularde (ca. 1,3 kg)	1		Knoblauchzehe (kleingehackt)
3 EL	Mehl			
1 1/2 TL	Salz	1 EL		Tomatenmark
1/2 TL	schwarzer Pfeffer	1 Stange		Lauch
100 g	durchwachsener Speck	200 g		Champignons
1/4 l	Rotwein	1 EL		Butter
1	Lorbeerblatt	4 EL		Portwein/ schwerer Rotwein
1/2 TL	zerriebener Thymian			

Die Poularde zerlegen, waschen und abtrocknen. In einer Mischung aus Mehl, Salz und Pfeffer wenden. Den Speck in Streifen schneiden, im Brattopf knusprig braten und rausnehmen. Die Poularde im Fett circa 30 Minuten bräunen. Danach den Rotwein, die Gewürze und das Tomatenmark dazugeben und zugedeckt weiterschmoren lassen.

Den Lauch feinschneiden, waschen und dazugeben, Speck daraufstreuen.

Die Pilze putzen, waschen, kleinschneiden und in Butter anbraten. In den letzten zehn Minuten mitschmoren.

Zum Schluß den Portwein dazugeben, aufkochen und die Sauce abschmecken.

Dazu reicht man Kartoffeln oder Reis, Salat und Stangenweißbrot.

Ich wünsche allen viel Spaß beim Kochen und einen guten Appetit!

Putenbrust im Blätterteig-Mantel

von Rudolf Steinle,
Bezirksschriftführer Schützenbezirk Schwaben

1 - 1,2 kg	Putenbrust		1 Bd.	Petersilie
	Salz			(oder andere Kräuter)
	weißer Pfeffer		1/2 TL	getrockneter Salbei
1 EL	Butterschmalz		1	Ei
4 Sch.	TK-Blätterteig		400 g	Möhren
500 g	Champignons		1 D.	grüne Bohnen
	(aus der Dose)			(850 ml)
1	große Zwiebel		100 g	Sahne
3 EL	Butter oder		1/8 l	Milch
	Margarine		2 - 3 EL	Soßenbinder

Das Fleisch mit Salz und Pfeffer würzen und im Butterschmalz anbraten. Etwas Wasser zugießen und zugedeckt circa 45 Minuten schmoren. Die Hälfte der gewaschenen Pilze fein hacken. Die Zwiebel schälen und würfeln. Die Butter oder Margarine erhitzen. Zwiebeln und Pilze darin andünsten und würzen. Die Petersilie fein hacken. Die Hälfte davon und den Salbei unter die Pilz-Zwiebel-Masse mischen.

Dreieinhalb Teigplatten aufeinander legen. Ein Rechteck (ca 35 x 45 cm) ausrollen. Das Fleisch etwas auskühlen lassen und darauflegen. Mit Farce (Pilz-Zwiebel-Kräuter-Masse) bestreichen und einschlagen.

Den restlichen Teig ausrollen und z.B. Sterne ausstechen. Das Ei trennen. Die Sterne mit Eiweiß bestreichen und auf den Teig kleben. Den Blätterteig mit verquirltem Eigelb bestreichen und auf ein kalt abgespültes Blech legen. Im vorgeheizten Backofen bei 200 ° C circa 30 Minuten braten.

Möhren putzen, waschen, kleinschneiden und in Salzwasser circa zehn Minuten dünsten. Bohnen dazugeben. Die restlichen Pilze vierteln und in einem Eßlöffel Fett anbraten und würzen. Sahne und Milch zugießen und aufkochen. Den übriggebliebenen Fleischfond zugeben und mit Soßenbinder binden. Etwas Fett und die restliche Petersilie zum Gemüse geben.

Ente mit Orangen
von Günther Filser,
Schütze beim SSV Adler in Beckstetten

1		bratfertige Ente mit Leber
1	TL	Salz (gestrichen)
1/2	TL	Pfeffer
1 1/2	T.	Wasser
6		Orangen (ungespritzt)
2 1/2	EL	Butter
1/2	EL	Mehl
1	Gl.	Sherry (4 cl)
1/2	TL	Instant-Fleischbrühe

Die Ente waschen, trockentupfen und innen mit einem halben Teelöffel Salz und einem Viertel Teelöffel Pfeffer einreiben. Das Wasser in die Fettpfanne unter den Bratrost gießen, die Ente auf den Rost legen und im vorgeheizten Backofen bei 220 ° C circa eine Stunde braten. Die Ente während des Bratens hin und wieder mit dem Bratenfond übergießen.

Inzwischen eine Orange hauchdünn abschälen und die Schale in feine Streifen schneiden. Vier Orangen auspressen.

Die gebratene Ente aus dem Ofen nehmen und warmstellen. Den Bratensaft mit dem Saft der Orangen mischen. Eineinhalb Eßlöffel Butter mit dem Mehl verkneten und in der Soße unter Rühren auflösen. Die Orangenschale zufügen. Die Soße mit dem Sherry, dem restlichen Salz und Pfeffer und der Instant-Fleischbrühe abschmecken. Die Leber mit einer Gabel musig verrühren, mit einem Teil der Soße vermengen und in der übrigen Soße erhitzen.

Die restliche Orange schälen, mit der bereits geschälten in Scheiben schneiden und in der restlichen Butter erhitzen. Die Orangenscheiben und die Soße zur Ente servieren.

Dazu passen Apfelrotkraut und Kartoffelknödel.

Gefüllte Ente mit Sahne-Sauce

*von Elisabeth Vorbach,
Lehrerin in Stöttwang*

1		bratfertige Ente (ca. 1,8 kg)
2	TL	Salz
1/2	TL	Pfeffer
250	g	entsteinte Backpflaumen
1/2	kg	säuerliche Äpfel
2	EL	Zitronensaft
100	g	durchwachsener Speck
1/4	l	Fleischbrühe
4	EL	Öl
2	EL	Mehl
1/4	l	Sahne
1/4	l	Rotwein

Die Ente waschen und abtropfen lassen. Innen und außen mit Salz und Pfeffer einreiben.

Die Pflaumen in Rotwein dünsten, bis sie ihn aufgesaugt haben. Die Äpfel schälen, achteln, entkernen und mit Zitronensaft mischen. Den Speck würfeln und mit den Äpfeln und den Pflaumen vermengen. Die Ente mit der Masse füllen und zunähen.

Das Öl erhitzen und über die Ente gießen. Im vorgeheizten Backofen bei 200 °C circa 90 Minuten braten, dabei öfter mit Brühe übergießen.

In den letzten zehn Minuten der Bratzeit die übrige Füllung mit in den Brattopf geben.

Die Ente aus dem Topf nehmen, warmstellen und den Bindfaden entfernen. Das Mehl mit der Sahne verquirlen. Die Sauce durch ein Sieb geben und mit der Sahne sämig kochen, dann abschmecken.

Am liebsten esse ich dazu Kartoffelknödel, Blaukraut und Apfelmus. Als Getränk empfehle ich einen trockenen Rotwein.

Gefüllter Fasan
von Josef Ambacher,
Präsident des Deutschen Schützenbundes

1	Fasan

Für die Füllung:

100 g	Kalbsbrät
50 g	Kalbshackfleisch
25 g	Räucherspeck
1	Eigelb
75 g	Champignons
	Petersilie
	Pfeffer
	Salz
	Sahne
	Soßenbinder

Den Fasan waschen, abtrocknen, eventuell absengen, und innen und außen salzen und pfeffern.

Für die Füllung die Innereien des Fasans und den gewürfelten Räucherspeck anbraten. Die restlichen Zutaten untermischen. Den Fasan mit der Masse füllen, zustecken und mit Speckscheiben umwickeln. Bei 200 ° C circa 50 Minuten braten.

Den Bratenfond mit Sahne abschmecken und mit Soßenbinder eindicken. Den Speckmantel abziehen und kleingeschnitten in die Soße geben.

Wildhase pikant
von Hubert Zech,
Mitglied des Festausschusses beim
Schützenverein Waldlust

1	Hase	2	Lorbeerblätter
	Salz	4	Wacholderbeeren
	Pfeffer	1	Petersilienwurzel
	Majoran	2 - 3	Peperoni
150 g	durchwachsener Speck	1/8 l	Sahne
2	Zwiebeln	1 D.	Champignon (klein)
1/4 l	Bier	1 D.	Maiskörner (klein)
1/2 l	Fleischbrühe	4	Essiggurken
8	Pfefferkörner		

Den vorbereiteten Hasen enthäuten und in sechs bis acht Stücke teilen. Die Fleischstücke mit Salz, Pfeffer und Majoran einreiben.

In einem großen Topf den kleingewürfelten Speck mit den feingehackten Zwiebeln anrösten, das Hasenfleisch dazugeben und von allen Seiten kräftig anbraten. Mit Bier aufgießen (man kann auch Rotwein nehmen) und etwas einkochen lassen. Die Brühe dazugießen.

Die Gewürze, Petersilienwurzel und die in feine Streifen geschnittenen Peperoni zugeben. Auf kleiner Flamme zugedeckt schmoren lassen, bis das Fleisch weich ist.

Die Soße durch ein Sieb passieren, Sahne dazugeben und abschmecken. Die Fleischstücke wieder in die Soße geben und mit geschnittenen Champignons, gedünsteten Maiskörnern und Essiggurken garnieren.

Die Speise noch fünf bis zehn Minuten ziehen, jedoch nicht mehr kochen lassen.

Man reicht Salzkartoffeln oder Teigwaren dazu.

Rehrücken in Rahmsauce

von Hans Spatz,
1. Bezirksschützenmeister

2 kg	Rehrücken (gehäutet)	2	Nelken
	Salz	4	Wacholderbeeren
40 g	Fett	1	Lorbeerblatt
40 g	Speck (dünne Scheiben)	1/4 l	Fleischbrühe
		1/8 l	saure Sahne
300 g	Kalbsknochen (kleingehackt)	3 EL	Gustin
		5 EL	Milch
3 EL	Zwiebelviertel		Zitronensaft
3 EL	Möhrenscheiben	4 EL	Weißwein
3 EL	Lauchstreifen		

Den Rehrücken salzen und im Fett rundherum scharf anbraten. Die Kalbsknochen (Fleisch nach oben) in die Pfanne legen, das Wurzelwerk und die Gewürze dazugeben. Die Speckscheiben oben auf den Rücken legen und in die heiße Röhre schieben. Nach zehn Minuten 1/8 l Fleischbrühe angießen. Nach insgesamt 40 Minuten Garzeit den Rehrücken aus der Pfanne nehmen, mit Butter bestreichen, mit Alufolie bedecken und warm stellen.

Die Knochen mit dem Wurzelwerk auf dem Herd noch 20 Minuten sachte anbraten, damit die Sauce bräunt und herzhafter schmeckt. Mit der restlichen Fleischbrühe aufgießen, zehn Minuten kochen, dann durch ein Sieb passieren. Die Sauce aufkochen und mit Gustin binden. Nochmals aufkochen, mit Zitronensaft und Weißwein abschmecken und mit der Sahne verfeinern. Die Rehsauce muß decken, kräftig nach Reh schmecken und eine Farbe wie Kaffee mit Sahne haben.

Als Beilage eignen sich hervorragend selbstgemachte Spätzle. Wer möchte, kann mit etwas Preiselbeeren verfeinern.

Für Freunde eines guten Tropfens empfehle ich dazu einen Spätburgunder vom Kaiserstuhl.

Hirsch- oder Rehbraten

von Claudia Schlachter,
Bäckerei in Stöttwang

1 kg	Hirsch- oder Rehbraten (gut abgehangen)	
	Salz	
	Pfeffer	

Für die Beize:

1	Zwiebel	
1	Gelberübe	
1 Bd.	Petersilie	
2	Lorbeerblätter	
einige	Gewürznelken	
1	Zitrone (Schale)	
einige	Wacholderbeeren	
einige	Pfefferkörner	
2 T.	Wasser	
2 T.	guter Rotwein	
6 EL	Essig	

Ein gut abgelegenes Stück Fleisch waschen und in ein irdenes Geschirr legen.

Für die Beize die Zwiebel, die Gelberübe, die feingehackte Petersilie, die Lorbeerblätter, die Gewürznelken, die Zitronenschale, die zerdrückten Wacholderbeeren und Pfefferkörner in circa zwei Tassen Wasser, Rotwein und Essig 30 Minuten kochen lassen. Die Beize lauwarm über das Fleisch gießen. Einige Tage durchziehen lassen.

Das Fleisch aus der Beize nehmen, mit Salz und Pfeffer würzen und gut anbraten. Mit der Beize aufgießen. Den Braten bei 200 °C circa 90 Minuten schmoren lassen.

Die Soße kann zum Schluß noch mit Sauerrahm verfeinert werden.

Lammbraten mit Kartoffeln und Zwiebeln

*von Martha Spatz,
Schießsport Spatz, Bobingen*

1	kg	Lammfleisch (Keule)
1		Knoblauchzehe
1		Rosmarinzweig
6		kleine Zwiebeln
		oder
2		große Zwiebeln
800	g	sehr kleine Kartoffeln
1/2	Gl.	Öl
1	EL	Butter
		Salz
		Pfeffer (frisch gemahlen)

Das Fleisch waschen und abtrocknen. Mit Salz und Pfeffer würzen. Die Knoblauchzehe und die Rosmarinblättchen zusammen sehr fein wiegen. In einer weiten Pfanne im Öl und in der Butter erhitzen. Erst wenn das Fett prasselt, das Fleisch hineingeben und rundum braunbraten. Knoblauch und Rosmarin dazugeben. Wenn das Fleisch eine gleichmäßige Farbe angenommen hat, die geschälten Kartoffeln und die in Scheiben geschnittenen Zwiebeln hinzufügen. Die Pfanne in den sehr heißen Backofen (200 - 220 ° C) schieben. Ungefähr eine Stunde garen, dabei das Fleisch hin und wieder wenden und einmal, falls nötig, einen feinen Strahl Öl darübergießen. Das Gericht ist fertig, wenn Gemüse und Fleisch dunkelbraun sind.

Als Hauptgang servieren und frischen Salat dazu reichen. Das Fleisch schmeckt am besten, wenn es sehr heiß verzehrt wird.

Es schmeckt auch sehr fein, statt Keule, Scheufele und Hals zu nehmen, gar nicht viele Gewürze, einfach Lamm pur, was beim verwendeten Staudenlamm ein Vergnügen ist. Allerdings ist dann die Garzeit bei diesen verwendeten weniger edlen Teilen fast doppelt so lang. In jedem Fall schmeckt dazu ein Spätburgunder vom Kaiserstuhl ganz ausgezeichnet.

Fisch

Forelle blau

von Sonja Hochmuth,
Mitglied des Schützenvereins Waldlust

4		Forellen
1	Bd.	Petersilie
2	l	Wasser
1/4	l	Weißwein
1/4	l	Essig
2	EL	Salz

Die möglichst frischen Forellen ausnehmen, dabei die Schleimhäute so wenig wie möglich verletzen. Nach Belieben an Unterkiefer und Schwanz mit einem Faden ringförmig zusammenbinden.

Wasser mit Salz, Weißwein und Essig aufkochen. Die Forellen hineinlegen und bei schwacher Hitze zehn Minuten garziehen lassen.

Auf einer vorgewärmten Platte anrichten. Mit Petersilie garnieren.

Dazu passen Butterkartoffeln hervorragend.

Kräutergefüllte Forelle
von Irmgard Bracht,
Schriftführerin der Edelweiß-Schützen
Frankenried

1	Forelle pro Person
	Salz
	Petersilie
	Schnittlauch
	Minze
	Melisse
	Dill
	Weinessig
100 g	Butter
	Zitronenscheiben
1/8 l	Weißwein

Die frischen Forellen mit Weinessig beträufeln und salzen. Die gehackten Kräuter, Butterflöckchen und je eine Zitronenscheibe in den Fisch füllen und in eine längliche Form geben. Mit drei Eßlöffeln Weißwein übergießen. Die Forellen im vorgeheizten Backofen bei 200 bis 220 °C circa 20 bis 25 Minuten garen, dabei die Form mit einem Deckel verschließen.

Mit frischer Petersilie garnieren und servieren.

Dazu passen frisches buntes Gemüse, Kartoffeln und ein leichter Weißwein.

Für diese Zubereitung eignen sich auch andere Süßwasser- bzw. Seefische und auch Fischfilets vom Rotbarsch, Kabeljau usw.

Guten Appetit!

Karpfengulasch

von Traudl Stölzle,
Mitglied des Schützenvereins Waldlust

1 - 2	kg	Karpfen
2		grüne Paprikaschoten
2		rote Paprikaschoten
2		Zwiebeln
2	TL	Salz und Pfeffer
150	g	Butter zum Anbraten

Die Karpfen waschen, schuppen und von den Gräten lösen. In kleine Stücke schneiden und in einer Pfanne mit Fett anbraten.

Sobald die Stücke auf beiden Seiten goldbraun sind, herausnehmen und in eine Auflaufform geben.

Die Paprikaschoten und die Zwiebeln in Streifen schneiden und auf den Karpfenstücken verteilen. Mit Salz und Pfeffer abschmecken.

Mit Wasser übergießen, so daß alles gut bedeckt ist. Im Backofen bei 200 ° C etwa 30 Minuten braten lassen.

Französisches Fischgericht
von Konrad Immerz,
Sportleiter "D' Obermindeltaler Willofs"

750 g	Fischfilet (Seeaal, Heilbutt, Kabeljau)		1	Lorbeerblatt
				Thymian
	Essig oder Zitronensaft			Salz
100 g	Möhren			Pfeffer
100 g	Schalotten		70 g	Tomatenmark
100 g	Sellerie		1/4 l	Weißwein
100 g	frische Champignons		1/8 l	Sahne
30 g	Margarine		1 Bd.	Petersilie
1	Knoblauchzehe			

Das Fischfilet mit Essig oder Zitronensaft säuern.

Das Gemüse kleinschneiden und in Margarine andünsten. Die zerdrückte Knoblauchzehe, die Gewürze und das Tomatenmark dazugeben. Mit Weißwein auffüllen und 15 Minuten leicht durchkochen.

Den Fisch salzen und circa 20 Minuten in dem Gemüsesud ziehen lassen. Den gegarten Fisch in eine Schüssel legen, das Gemüse mit Sahne verfeinern und darübergeben.

Mit gehackter Petersilie bestreut servieren.

Dazu passen Reis und grüner Salat.

Fischfilet St. Tropez

von Gerhart Zankl,
Jugendleiter des Schützenvereins Waldlust

3/4 - 1 kg	Seelachsfilet oder Scholle
etwas	Zitronensaft
50 g	Speck
6	Zwiebeln
3	Knoblauchzehen
1 - 2 EL	Semmelbrösel
1 TL	Senf
2 EL	gehackte Kräuter
4	Tomaten
1 - 2 EL	Wasser
2 EL	Öl
2 TL	Paprikapulver
	Salz
	Pfeffer

Den Fisch in vier Portionsstücke teilen, waschen und mit etwas Zitronensaft beträufeln. 30 Minuten durchziehen lassen.

Den Speck und die Zwiebeln in feine Würfel schneiden, Knoblauch fein hacken und alles in einer Pfanne glasig dünsten. Anschließend mit den Semmelbröseln, Wasser, Senf und den Kräutern mischen. Mit Salz, Pfeffer und Zitronensaft abschmecken.

Den Fisch in eine feuerfeste Form legen. Die in Scheiben geschnittenen Tomaten darauflegen und beides mit Salz bestreuen. Das Öl mit dem Paprikapulver mischen und über den Fisch geben. Die Speck-Kräuter-Mischung auf dem Fisch verteilen.

Je nach Geschmack kann man das Ganze noch mit Käse bestreuen.

Bei 190 ° - 200 ° C circa 20 bis 30 Minuten backen.

Scholle
von Hans Stölzle,
Fähnrich beim Schützenverein Waldlust

4		Schollen (ca. 300 g)
1		Zitrone
3	EL	fein gehackter Speck
2		Eier
6	EL	Mehl
1	EL	Paniermehl
1	TL	Salz und Pfeffer
2	Röhrchen	Kapern
80	g	Margarine
1	Bd.	Petersilie (klein)
1	EL	feine Haferflocken

Die ausgenommenen Fische außen mit einem Messer abschaben und kalt abspülen. Innen säubern und kalt ausspülen. Die Flossen mit einer Schere abschneiden.

Die Schollen innen und außen mit Zitronensaft säuern. Nach zehn Minuten trockentupfen, salzen und pfeffern.

Die Kapern und die Petersilie fein hacken. Mehl, Paniermehl, Haferflocken, Kapern, gehackte Petersilie und den Speck miteinander vermengen. Die Schollen zuerst in den verquirlten Eiern, dann in der Würzpanade wenden.

Margarine in einer Pfanne erhitzen. Die Fische circa acht Minuten je Seite bei mäßiger Hitze anbräunen.

Kartoffelsalat rundet diese leckere Mahlzeit ab.

Delikate Fischpfanne
von Franz Pschierer, Abgeordneter des Bayerischen Landtags

500 g	Rotbarschfilet	500 g	Tomaten
1 TL	Salz	1 D.	Mais
1	Zitrone (Saft)	2 EL	Tomatenketchup
2	Zwiebeln		Chilipulver
2	Knoblauchzehen		oder
5 EL	Olivenöl		Cayennepfeffer
2	grüne Paprikaschoten	1/2 Bd.	Dill
1	rote Paprikaschote	1/2 Bd.	Petersilie
2	Peperoni	1/8 l	trockener Weißwein

Den Fisch in Würfel schneiden (ca. 2 cm groß), salzen und säuern und gut durchmischen.

Die Zwiebeln in dünne Ringe schneiden, den Knoblauch feinschneiden und mit etwas Salz zerdrücken. Die Paprikaschoten putzen, waschen und in Stücke schneiden (2 cm groß). Die Peperoni ebenfalls putzen und waschen und feinschneiden. Die Tomaten häuten, Stielansätze entfernen und in Scheiben schneiden.

Zwiebeln und Knoblauch in Öl glasig dünsten, Paprikaschoten und Peperoni dazugeben und circa drei Minuten mitdünsten. Die Hälfte der Tomatenscheiben darauf verteilen. Die Fischwürfel, den Mais und die restlichen Tomatenscheiben daraufschichten. Den Ketchup mit Salz und Chilipulver mischen und über die Tomatenschicht streichen. Die Pfanne mit einem Deckel oder Alufolie abdecken. Bei 200 ° C circa 20 Minuten garen lassen, dabei nach der Hälfte der Garzeit den Deckel oder die Alufolie entfernen.

Kräuter waschen, sehr fein schneiden und die Fischpfanne damit bestreuen.

Als Beilage eignen sich gedünsteter Reis oder Stangenweißbrot.

Miesmuscheln in Weißwein
von Rudolf Nieberle, Waffenwart beim Schützenverein Waldlust

2	kg	Miesmuscheln
1		Zwiebel
1		Möhre
1	Stange	Lauch
	etwas	Petersilie
4		Knoblauchzehen
2	EL	Butter oder Margarine
1/2	l	Weißwein
	etwas	Pfeffer
1/4	l	Wasser

Die Muscheln circa eine Stunde in Wasser legen und die Schalen sauber abbürsten.

Die Zwiebel und die Möhre schälen. Den Lauch halbieren und gut waschen. Alles in Würfel schneiden (ca. 1/4 cm groß). Den Knoblauch schälen und in Scheiben schneiden. Das Fett in einem großen Topf erhitzen, das Gemüse fünf Minuten darin dünsten. Den Weißwein und das Wasser dazugeben und erhitzen.

Die Muscheln und den gemahlenen Pfeffer in den Topf geben. Alles zugedeckt circa sechs Minuten kochen. Die Muscheln im geschlossenen Topf durchrütteln, damit die obenliegenden nach unten kommen. Wenn die Muscheln geöffnet sind, sind sie gar.

Zu Toast oder Weißbrot anrichten.

Dazu empfehle ich trockenen Weißwein.

Achtung: Rohe, geöffnete Muscheln sind verdorben und sehr giftig! Nach dem Garen müssen die Muscheln geöffnet sein!

Auflauf

Zucchini-Auflauf

*von Thomas Müller,
Mitglied des Festausschusses beim
Schützenverein Waldlust*

1 kg	kleine feste Zucchini
100 g	geräucherter Schweinebauch
1 EL	Öl
100 g	Emmentaler am Stück
3	Eier
2 EL	Milch
	Salz
	Pfeffer
	Muskatnuß

Die Zucchini waschen, in dicke Scheiben schneiden und drei Minuten in Salzwasser kochen. Dann abtropfen lassen.

Den Schweinebauch in dünne Streifen schneiden und in wenig Öl anbraten. Zucchini und Schweinebauch in eine gefettete Auflaufform schichten.

Den Käse in Würfel schneiden und diese auf das Gemüse setzen.

Die Eier mit der Milch verquirlen, mit Salz, Pfeffer und Muskatnuß würzen und über den Auflauf gießen.

Im vorgeheizten Backofen bei 200 ° C backen, bis der Käse geschmolzen ist (circa 20 Minuten).

Dazu schmeckt Stangenweißbrot und Rotwein.

Überbackene Auberginen
von Udo Dohrmann,
2. Vorstand des SV Stöttwang

2	mittelgroße Auberginen	3 EL	Haselnußkerne
	Salz	3 EL	Creme fraiche
	Pfeffer	1/2 TL	getrockneter Thymian
	(weiß, frisch gemahlen)	75 g	Emmentaler
3	mittelgroße Zwiebeln	250 g	eingeweichter Dinkel
2 EL	Butter		(nach Geschmack)
2	Knoblauchzehen		Butter für die Form
1-2 EL	Wasser		

Die Auberginen waschen, von den Stielansätzen befreien und der Länge nach halbieren. Mit einem Eßlöffel aushöhlen und mit Pfeffer und Salz würzen. Das ausgelöste Fruchtfleisch kleinschneiden.

Die Zwiebeln schälen, fein würfeln und in einem Eßlöffel Butter glasig dünsten. Dann die gehackten Auberginen dazugeben. Die Knoblauchzehen schälen, durch die Presse drücken und mit dem Wasser zum Gemüse geben, den Dinkel ebenfalls beifügen. Das Ganze bei schwacher Hitze fünf Minuten dünsten.

Die Nüsse grob hacken und mit Creme fraiche unter die Auberginen rühren. Mit Salz, Pfeffer und Thymian abschmecken. Die Mischung in die ausgehöhlten Auberginen füllen. Eine feuerfeste Form mit Deckel mit etwas Butter ausstreichen. Die Auberginen hineinlegen. Die restliche Butter in Flöckchen daraufgeben. Die Auberginen im vorgeheizten Backofen bei 230 ° C (Heißluft 210 ° C) 20 Minuten zugedeckt garen.

Den Käse reiben, über die Auberginen streuen und das Ganze weitere zehn Minuten offen überbacken.

Dazu schmeckt mir ein trockener Rotwein.

Anstatt des beigefügten Dinkels kann als Beilage auch Reis oder Stangenweißbrot gereicht werden.

Rosenkohl überbacken
von Genovefa Heiserer,
Ehrenmitglied des Schützenvereins Waldlust

1 kg	Rosenkohl
150 g	geräucherter Schweinebauch
250 g	Tomaten
5 - 6 EL	geriebener Käse
3 EL	Semmelbrösel
	Butterflocken

Den Rosenkohl putzen, waschen und in kochendes Salzwasser geben. Halbweich kochen lassen, herausnehmen und abtropfen lassen.

Den gekochten Schweinebauch in Würfel schneiden und mit dem Rosenkohl in eine gebutterte Auflaufform geben. Nach Belieben mit enthäuteten, in Scheiben geschnittenen Tomaten belegen und salzen.

Mit geriebenem Käse und den Semmelbröseln bestreuen. Butterflocken auf den Auflauf setzen. Im vorgeheizten Backofen 20 bis 30 Minuten überbacken, bis der Käse eine Kruste bildet.

Gratin Savoyarde
von Dr. Sigrid Skarpelis-Sperk
Mitglied des Deutschen Bundestages

1 kg	Salatkartoffeln
1/4 l	Milch
1/8 l	süße Sahne
2	Eier
200 g	geriebener Gruyere
	oder
	Allgäuer Bergkäse
	Butter
	Knoblauch
	Muskat
	Salz
	Pfeffer

Die Kartoffeln schälen, abtrocknen und auf einem Gemüsehobel in sehr dünne Scheiben (höchstens 3 mm dick) schneiden. Sofort weiterverarbeiten.

Eine flache, feuerfeste Auflaufform gut mit Knoblauch ausreiben und großzügig ausbuttern. Eine Schicht mit Kartoffelscheiben auslegen. Mit Muskat, Pfeffer und Salz würzen und mit etwas geriebenem Käse bestreuen. Darauf eine zweite Schicht Kartoffeln legen, wieder würzen und mit Käse bestreuen. Das Ganze nochmal wiederholen. Auf die dritte Schicht wird der restliche Käse dick darübergestreut.

Die Milch, Sahne und die Eier gut verquirlen, ebenfalls würzen und auf die Kartoffeln gießen. Die Flüssigkeit muß die oberste Kartoffelschicht erreichen, aber nicht bedecken.

In dichtem Abstand Butterflöckchen auf den Auflauf setzen. Im vorgeheizten Backofen bei 180 ° C circa eine halbe Stunde backen. Dabei wird die Oberfläche braun. Nun den Auflauf mit Alufolie abdecken und noch weitere 15 bis 30 Minuten garen lassen.

In der Form servieren.

Kartoffelgratin mit Hüttenkäse

von Rolf Kramer,
Schatzmeister des Schützengaus
Kaufbeuren/Marktoberdorf

1	kg	Pellkartoffeln
2		Knoblauchzehen
250	g	körniger Frischkäse
1/2	l	saure Sahne
1	TL	Salz
3		Frühlingszwiebeln
2	EL	Butter
50	g	Chesterkäse
1	Bd.	Schnittlauch
		Paprika edelsüß

Die Kartoffeln heiß pellen und abkühlen lassen. (Eventuell schon am Vortag.) Erkaltet in Würfel schneiden (1 cm groß).

Die Knoblauchzehen schälen, fein würfeln und mit Frischkäse, Sahne und Salz verrühren. Die Kartoffeln zufügen und schwenkend untermischen.

Die Zwiebeln putzen und in dünne Scheiben schneiden. Eine Gratinform mit Butter einfetten, eine Schicht Kartoffeln hineingeben, mit Zwiebeln bestreuen und mit den restlichen Kartoffeln ganz bedecken.

Den Chesterkäse reiben und über die Kartoffeln streuen. Den Gratin bei mittlerer Hitze circa 60 Minuten backen.

Den fertigen Gratin mit Schnittlauchröllchen und Paprikapulver bestreuen und heiß servieren.

Dazu paßt Blattsalat der Saison mit Essig-Marinade.

Kartoffelauflauf mit Käse

von Elisabeth Nieberle,
Ortsbäuerin von Gennachhausen

1	kg	Kartoffeln
200	g	geräuchertes Wammerl oder Schinken
150	g	Emmentaler
1/2	l	Sahne (oder ein Teil davon Milch)
		Salz
		Pfeffer
		Muskat
		Butter

Eine flache, feuerfeste Form mit etwas Butter auspinseln.

Die Kartoffeln schälen und fein schneiden. Das geräucherte Wammerl oder den Schinken fein schneiden und kurz andünsten. Den Emmentaler reiben.

Die Kartoffelscheiben salzen und pfeffern und einen Teil davon in die Form schichten. Darauf einen Teil Schinken und Käse geben. Das Ganze wiederholen, bis Kartoffeln, Schinken und Käse aufgebraucht sind. Die oberste Schicht sollte Käse sein.

Die Sahne mit Salz und Muskat würzen und darübergießen.

Zum Schluß Butterflöckchen daraufsetzen und den Auflauf circa 70 Minuten bei 190 ° bis 200 ° C backen.

Der schmackhafte Auflauf eignet sich gut als Mittagstisch, zu dem grüne Salate sehr gut passen.

Bosnischer Kartoffelauflauf
von Ivo Curić, Pfarrer in Stöttwang

2	kg	Kartoffeln
3		mittelgroße Zwiebeln
200	g	Wammerl (roh geräuchert)
200	g	magerer Schinken (roh geräuchert)
1/2	l	Milch
		Salz
		Öl

Die Kartoffeln schälen und in Scheiben schneiden (3 - 4 mm dick). Die Hälfte der Kartoffelscheiben in eine mit reichlich Öl bestrichene Kasserolle legen. Die Zwiebeln in Ringe schneiden und darüberlegen.

Das Wammerl und den Schinken in Stücke (circa 3 cm groß) schneiden und über die Zwiebeln streuen. Zum Schluß die restlichen Kartoffelscheiben darübergeben. Den Auflauf in den vorgeheizten Backofen schieben und bei 250 ° C backen.

Nach circa 30 Minuten bildet sich eine braune Kruste. Nun den Auflauf mit heißer, leicht gesalzener Milch übergießen.

Im ausgeschalteten Ofen noch circa fünf bis zehn Minuten garen.

Guten Appetit!

Lauchauflauf

*von Viktoria Wilhelm,
Schützenheimwirtin in Osterzell*

4	Stangen	Lauch
8	Sch.	gekochter Schinken
30	g	Butter
30	g	Speckwürfel
30	g	Mehl
1/4	l	Brühe
		oder Lauchwasser
1/8	l	Milch oder Sahne
		Salz
		Pfeffer
		Muskat
		Zucker
	etwas	Zitronensaft
100	g	geriebener Gouda
1	Bd.	Schnittlauch (gehackt)

Den Lauch putzen, waschen und in Stücke (circa 15 Zentimeter lang) schneiden. Kurz in Salzwasser kochen und abtropfen lassen.

Um jedes Lauchstück eine Scheibe Schinken wickeln und in eine gefettete Auflaufform legen.

Die Butter in einem Topf erhitzen. Den Speck darin leicht rösten, das Mehl einrühren und mit der Flüssigkeit ablöschen. Mit den Gewürzen und dem Zitronensaft abschmecken. Den Käse und den Schnittlauch darunterrühren, die Soße über die Lauchstangen gießen und circa 20 Minuten bei 200 ° C überbacken.

Dazu passen Salzkartoffeln.

Hackfleisch-Gemüse-Auflauf

von Wilma Burkart,
Jugendleiterin der Tell-Schützen Dösingen

600 - 700 g	Hackfleisch
500 - 600 g	Gemüse (Karotten-Erbsen oder Blumenkohl, Brokkoli)
4 Port.	Kartoffelbrei
	Salz
	Pfeffer
	Majoran
	Muskatnuß
	Butterflocken

Das Hackfleisch in Öl oder Margarine andünsten. Mit Salz, Pfeffer und Majoran würzen.

Das Gemüse kurz weichdünsten.

Kartoffelbrei herstellen. (Kann auch Fertig-Püree sein.)

Das angebratene Hackfleisch in eine gefettete Auflaufform geben und das gekochte Gemüse darauflegen. Das fertige Kartoffelpüree darüberstreichen. Mit einem Löffel kleine Wellen in das Püree drücken. Kleine Butterflocken auf den Auflauf setzen und ein bißchen Muskat darüberreiben.

Den Auflauf bei 220 ° C circa 30 bis 40 Minuten backen. Das Püree muß hell bis hellbraun bleiben.

Nudeln

Nudel-Käsesalat
von Reinhard Albinus,
Schütze beim Schützenverein Waldlust

250 g	Hörnchennudeln (ganz klein)
300 g	Emmentaler oder Gouda
3 - 4	Eigelb
	Senf (scharf)
	Essig
	Salz
	Curry

Die Hörnchennudeln bißfest kochen.

Den Käse in kleine Würfel schneiden. Aus den Eigelb, Senf, Essig und Salz eine Mayonnaise herstellen. Viel Curry dazugeben.

Die Mayonnaise mit den Nudeln und dem Käse mischen und zugedeckt im Kühlschrank mindestens einen halben Tag ziehen lassen.

Vor dem Servieren nochmals abschmecken.

Guten Appetit!

Spaghetti-Eintopf
von Mathilde Rapp,
Mitglied der Magnus-Schützen Leuterschach

2	Stangen	Lauch
4		Wiener
100	g	Geräuchertes
1 - 2	EL	Butter
200	g	Spaghetti
1 1/4	l	Gemüsebrühe
200	g	geriebener Emmentaler
3	CL	Tomatenmark
6 - 8	EL	Sahne

Den Lauch putzen und in feine Streifen schneiden. Die Würstchen in Scheiben schneiden.

Den feingeschnittenen Speck in Butter andünsten, Würstchen und Lauch dazugeben. Die Spaghetti in Stücke brechen und mitbraten. Mit Brühe aufgießen und im geschlossenen Topf bei geringer Hitze knapp 20 Minuten garen.

Tomatenmark, Sahne und Käse zugeben, unter Rühren aufkochen und abschmecken.

Dazu paßt grüner Salat.

Guten Appetit!

Lasagne
von Alfons Tröber, Kirchenpfleger in Stöttwang

Für die Fleischsoße:			Für die Bechamelsoße:	
30 g	Fett		30 g	Margarine
300 g	Hackfleisch		3 EL	Mehl
1	Zwiebel		1/4 l	Wasser
1	Knoblauchzehe		1/8 l	Milch
3 EL	Tomatenmark		3 EL	geriebener Käse
2 EL	Ketchup			Salz
1/4 l	Flüssigkeit			Pfeffer
	Salz			Muskat
	Pfeffer			
	Oregano		6 - 8	Teigplatten

Für die Fleischsoße das Fett im Topf erhitzen. Hackfleisch, Zwiebel und Knoblauchzehe darin andünsten. Tomatenmark, Ketchup, Salz, Pfeffer und Oregano dazugeben und das Ganze kräftig umrühren. Mit der Flüssigkeit aufgießen und aufkochen lassen. Pikant abschmecken.

Für die Bechamelsoße aus Mehl und Margarine eine helle Einbrenne herstellen. Vorsichtig mit Wasser aufgießen und kurz aufkochen lassen. Danach den Käse dazugeben und mit Salz, Pfeffer und Muskat abschmecken.

Die beiden Soßen miteinander vermengen.

Eine Auflaufform fetten. Abwechselnd die Soße und die Teigplatten hineinschichten, dabei mit der Soße beginnen und enden. Die Teigplatten müssen sorgfältig mit der Soße bedeckt werden, da sie sonst hart werden. Zum Schluß den geriebenen Käse über die letzte Schicht streuen und die Lasagne bei 200 ° C circa 35 Minuten backen.

Tortellini-Auflauf

von Martina Steck,
1. Bezirksdamenleiterin Bezirk Schwaben

500	g	Tortellini (kleine, trockene)
1	B.	Sahne
1	Gl.	Pilze (Champignons in Scheiben geschnitten)
5	Sch.	gekochter Schinken
1	D.	Erbsen und Möhren
150	g	geriebener Edamer
150	g	geriebener Gouda
		Basilikum
		Thymian
		Oregano
		Pfeffer

Tortellini kochen, sie dürfen ruhig noch "Biß" haben.

Alle Zutaten folgendermaßen in eine feuerfeste Auflaufform schichten:

Etwa die Hälfte der Tortellini, dann je die Hälfte von den Pilzen, Erbsen und Möhren, vom Schinken und Käse darübergeben, je nach Geschmack würzen, dann die Hälfte der Sahne darübergießen. Das Ganze noch einmal wiederholen, dabei ist wichtig, daß die letzte Schicht Käse die Pilze, Erbsen und Möhren und den Schinken völlig abdeckt. Den Auflauf im vorgeheizten Backofen bei 200 ° C circa 20 bis 30 Minuten backen.

Dazu serviere ich einen bunten Salat (Eisbergsalat, Tomaten, Gurken, Paprika, Zwiebeln und viele Kräuter), der nur mit 4 Eßlöffeln Essig, 3 Eßlöffeln Öl, etwas Salz und Pfeffer kurz vor dem Servieren angemacht wird.

Dieser Auflauf ist bei meinen Gästen mittlerweile so sehr beliebt, daß ich ihn oft "auf Bestellung" machen muß.

Bandnudeln mit Spinat
von Hubert Refle,
Geschäftsstellenleiter der Raiffeisenbank Stöttwang

375	g	Bandnudeln
10	g	Margarine zum Einfetten
1		große Zwiebel
1		Knoblauchzehe
175	g	geräucherter, durchwachsener Speck
300	g	TK-Spinat
1/3	T.	Wasser
1	EL	Mehl
1/4	l	saure Sahne
		Salz
		Muskat
1	Pr.	Zucker
200	g	Emmentaler in Scheiben

Die Bandnudeln sechs bis acht Minuten in viel gesalzenem Wasser kochen. Abgießen und kalt abspülen. Gut abtropfen lassen.

Zwiebel und Knoblauchzehe schälen und fein hacken. Den Speck klein würfeln und glasig braten. Zwiebel und Knoblauch zufügen und goldgelb werden lassen. Den Spinat und das Wasser zugeben. Circa zehn Minuten bei kleiner Hitze auftauen lassen.

Das Mehl mit der Sahne verquirlen und in den Spinat rühren. Fünf Minuten kochen. Mit Salz, Muskat und Zucker abschmecken.

Dann eine feuerfeste Form einfetten und die Nudeln einfüllen, die Spinatmasse auf den Nudeln verteilen und die Käsescheiben darauflegen. Im vorgeheizten Backofen bei 200 ° C zehn Minuten backen.

Pikantes

Kartoffelskuchen

von Erich Heiserer,
1. Vorstand des Musikvereins Stöttwang

5 - 6	dicke große Kartoffeln
1	alte Semmel
1 - 2	Eier
1 Pr.	Salz
	Speck je nach Geschmack
etwas	Milch
etwas	Öl

Die rohen Kartoffeln schälen und reiben. Die Semmel in heißer Milch einweichen.

Den Speck in feine Würfel schneiden. Alle Zutaten gut miteinander vermengen.

In eine feuerfeste Form Öl geben, so daß der Boden gut bedeckt ist.

Die Kartoffelmasse hineingeben und bei 200 ° - 225 ° C circa 75 Minuten backen, bis der Kuchen eine schöne braune Kruste hat.

"Broasmer" oder Kartoffelbrösel
von Gerhard Bechteler, Sportleiter bei der ZSG Biessenhofen

- 1 kg gekochte, kalte Kartoffeln
- 200 g Mehl
- 1 Pr. Salz
- Butterschmalz

Die Kartoffeln (möglichst zwei Tage alt) schälen und fein reiben. Salz und Mehl darübergeben und "unterbröseln"

Das Fett in einer großen Pfanne erhitzen und die Kartoffelmasse darin unter ständigem Wenden und Zerteilen gut braten.

Dazu paßt ein gemischter Salat.

"Laubfrösche"
von Irmgard Steuer,
Vorsitzende des Obst- und Gartenbauvereins Stöttwang

500	g	Wirsing
75	g	Zwiebeln
50	g	magerer, gekochter Schinken
125	g	Vollreis
1		Ei
1		Eiweiß
10	g	Senf
50	g	Magerquark

Die Wirsingblätter in kochendem Salzwasser kurz überbrühen. Den Strunk abflachen. Ein bis zwei Blätter je Laubfrosch beiseite legen, dann den Rest der Wirsingblätter hacken.

Für die Fülle den Reis in der doppelten Menge Brühe quellen lassen. Die Zwiebeln fein schneiden und andünsten. Den Schinken kleinschneiden, ein Ei hartkochen und hacken. Alle Zutaten mit den gehackten Wirsingblättern mischen, ein rohes Eiweiß dazugeben und mit Senf abschmecken.

Die Wirsingblätter mit der Masse füllen und mit Zahnstochern zusammenstecken. Die Laubfrösche in eine feuerfeste Form geben, mit etwas Brühe aufgießen und circa 45 Minuten im Backrohr garen.

Guten Appetit bei diesem kalorienarmen Gericht.

Blumenkohl mit Schinken

von Josef Höfelschweiger,
1. Sportleiter beim Schützengau
Kaufbeuren/Marktoberdorf

1		großer Blumenkohl
1	l	Wasser
		Salz
1/8	l	Milch
1		Zwiebel
40	g	Butter
200	g	gekochter Schinken
175	g	Emmentaler
150	g	Creme fraiche
1		Ei
		Muskatnuß
		schwarzer Pfeffer
2	EL	Semmelbrösel

Den Blumenkohl putzen, dabei den Strunk tief abschneiden. Für circa 15 Minuten In stark gesalzenes Wasser legen, damit eventuell vorhandenes Ungeziefer entfernt wird. Wasser und Milch mit reichlich Salz aufkochen, den Kohl hineingeben und zugedeckt bei nicht zu starker Hitze circa 20 Minuten garen.

Die Zwiebel schälen, hacken und in der Hälfte der Butter glasig dünsten. Den Schinken und den Käse fein würfeln. Beides mit der Zwiebel, Creme fraiche und dem Ei mischen. Mit Muskat und Pfeffer pikant abschmecken.

Den Blumenkohl abgießen und abtropfen lassen. Anschließend in eine feuerfeste Form setzen. Die Schinken-Käse-Mischung über den Blumenkohl geben. Semmelbrösel und die restliche Butter darauf verteilen. Im vorgeheizten Backofen bei 200 ° C zehn Minuten überbacken.

Am besten eignet sich ein kühler, frischer Weißwein, wie z.B. ein leichter Italiener oder ein Grauburgunder aus Baden dazu.

Bauernbrote
von Martina Stumbaum,
Bedienung im Schützenheim Stöttwang

250 g	Schinken- oder Kasselerwürfel
	Zwiebel- und Knoblauchringe nach Belieben
6 - 8	Eier
200 g	Reibekäse
	Petersilie
	Schnittlauch
	gemahlener Kümmel
	Pfeffer
	Salz
	Muskat
4 - 6 Sch.	Krustenbrot

Die Schinken- bzw. Kasselerwürfel mit Zwiebel- und Knoblauchringen und den Gewürzen anbraten.

Die Eier verquirlen und den Reibekäse hineinstreuen. Die Eier-Käse-Masse über die Schinken- oder Kasselerwürfeln geben und stocken lassen.

Vier Scheiben Krustenbrot mit dem Gemisch belegen und im Backofen bei 250 ° C goldgelb backen.

Guten Appetit!

Rustikales Zwiebelbrot

von Horst Heiligensetzer,
Mitglied des Festausschusses beim
Schützenverein Waldlust

100 g		magerer, durchwachsener Speck
2 EL		Öl
4		große Zwiebeln
1		Ei
3 - 4 EL		geriebener Käse
		Salz
		Pfeffer aus der Mühle
		Knoblauchpulver
4 Sch.		Grau- oder Schwarzbrot

Den Speck in kleine Würfel schneiden und in heißem Öl anrösten.

Die Zwiebeln in dünne Ringe schneiden, zum Speck geben, goldgelb dünsten und abkühlen lassen. Das Ei mit dem Käse verrühren und dazugeben. Mit Salz, Pfeffer und Knoblauchpulver kräftig abschmecken.

Die Masse auf die Brotscheiben streichen. Im vorgeheizten Backofen oder Grill bei 180 ° - 200 ° C circa 13 bis 15 Minuten überbacken.

Blätterteigtaschen Hawaii
von Anton Steuer,
Kassier des Sportvereins Stöttwang

    4 Platten   TK-Blätterteig
    4 Sch.   gekochter Schinken
    4 Sch.   Gouda
    2 Sch.   Ananas

    evtl.   etwas Ei

Die Teigplatten trennen und zum Auftauen auf ein Brett legen. Danach ausrollen.

Jeweils eine halbe Ananasscheibe mit einer Scheibe Käse und einer Scheibe Schinken umwickeln. Dann auf die eine Hälfte der Teigplatte legen, die andere Hälfte umklappen und die Ränder festdrücken.

Die Blätterteigtaschen eventuell noch mit Ei bepinseln.

Die Taschen bei 200 ° C auf der mittleren Schiene circa 15 Minuten backen. Sie sollen goldbraun und knusprig sein.

Gemüsekuchen "Quiche"
von Hedwig Hartmann,
2. Gaujugendleiterin und Sportleiterin der "Blattlschoner" Oberbeuren

Für den Teig:

175 g	Mehl		500 g	Brokkoli
100 g	Margarine		1/8 l	Milch
etwas	Wasser		4	Eier
1	Ei		1/8 l	Sahne
1 Pr.	Salz		100 g	geriebener Emmentaler oder Gouda
			2 EL	Mehlteig (Mehl/Wasser)

Für die Füllung:

30 g	Margarine			Salz
100 g	Räucherspeck			Pfeffer
200 g	Schinken			Muskat
2	Zwiebeln			Schnittlauch

Die Teigzutaten zu einem Mürbteig verkneten. Circa 30 Minuten in den Kühlschrank stellen. Eine Springform leicht einfetten. Für den Boden circa 2/3 des Teiges ausrollen und einstechen. Den restlichen Teig zu einer Rolle formen und als Rand hochdrücken.

Für die Füllung den Speck und den Schinken würfeln und mit den kleingeschnittenen Zwiebeln in der Margarine andünsten. (Der Speck kann auch durch Schinken ersetzt werden.) Milch, Sahne, Mehlteig (geht bei viel Käse auch ohne), Eier und Käse mischen und nach Geschmack würzen. Die Schinkenmischung und den kleingeschnittenen Brokkoli dazugeben. Auf den Mürbteig gießen und bei 200 °C circa 30 bis 40 Minuten backen.

Wir machen die "Quiche" immer für zwei Personen, man kann die zweite Hälfte wunderbar in der Mikrowelle aufwärmen und hat so am nächsten Tag schnell gekocht. Am liebsten trinken wir einen trockenen Weißwein dazu (abends), in der Suserzeit schmeckt´s auch super!

Tiroler G´röstl

von Richard Ficker,
1. Vorstand des Sportvereins Stöttwang

750 g	Kartoffeln
	Salz
250 g	gekochtes oder gebratenes Fleisch
50 g	geräuchertes Wammerl
2	kleine Zwiebeln
80 g	Fett
	gehackte Petersilie
4	Eier (Spiegeleier)
4	Essiggurken

Die Kartoffeln waschen, mit der Schale kochen, abpellen, erkalten lassen und in Scheiben schneiden.

Das Fleisch und das Wammerl in Streifen schneiden, die Zwiebeln würfeln. Beides mit den Kartoffelscheiben in heißem Fett bräunen, salzen und mit Petersilie bestreuen.

Die Eier vorsichtig aufschlagen, nebeneinander in das erhitzte Fett gleiten lassen, leicht salzen und bei schwacher Hitze fest werden lassen.

Das G´röstl auf Tellern portionieren, jeweils ein Spiegelei darauflegen und mit je einer Essiggurke garnieren.

Frühlingsrollen
von Helmut Weber,
Sportleiter der Schützengemeinschaft Irsee

1	P.	Blätterteig
500	g	Hackfleisch
		Butter oder Margarine
1/2	Kopf	Weißkraut
		(mittlere Größe)
1	D.	Bohnenkeimlinge
		Sojasoße
		Tabasco
		Salz
		Pfeffer
		Paprika
1		Eigelb

Das Weißkraut in Salz- und Zuckerwasser bißfest kochen. Danach dünn schneiden.

Das Hackfleisch in Fett anbraten und mit Salz, Pfeffer, Paprika, Tabasco und Sojasoße würzen. Das Weißkraut und die Bohnen-keimlinge unterheben und noch zehn Minuten dünsten. Mit etwas Mehl bestäuben und abschmecken. Die Masse erkalten lassen.

Den Blätterteig auftauen. Die Platten zur Hälfte teilen, ausrollen und mit der Masse füllen. Die Seiten einschlagen und aufrollen. Die Frühlingsrollen auf ein mit Backpapier ausgelegtes Blech setzen und mit Eigelb bestreichen. Bei 200 ° bis 225 ° C circa 30 Minuten backen.

Dazu paßt ein gemischter Salat sehr gut.

Die Frühlingsrollen eignen sich sehr gut, wenn Gäste kommen, weil man sie schon vorher zubereiten kann.

Gemüsezwiebeln mit Schmelzkäsekruste

von Sylvia Schmid,
Wirtin des Schützenheims Stöttwang

4	große Gemüsezwiebeln (à 250 g)	_____ Für die Farce: _____	
1 l	Fleischbrühe	200 g	Champignons
150 g	Hackfleisch	1 EL	Butterschmalz
2 EL	Paniermehl	200 g	Hochland Schmelzschale "Kräuter"
1	Ei		Salz
1 TL	Senf		Pfeffer
1 TL	Tomatenmark	1 EL	Zitronensaft
	Salz	1/2 Bd.	Petersilie
	Pfeffer	2 EL	Schnittlauchröllchen
	Majoran		
	Butter zum Einfetten		

Die geschälten Zwiebeln in der Fleischbrühe 20 Minuten kochen lassen. Mit einer Schaumkelle herausnehmen und etwas abkühlen lassen. Die Deckel abschneiden und die Zwiebeln mit einem Teelöffel aushöhlen.

Die ausgehöhlte Zwiebelmasse kleinhacken. Hackfleisch, Paniermehl, Ei, Senf, Tomatenmark mit 2 Eßlöffel der Zwiebelwürfel mischen. Mit Salz, Pfeffer und etwas Majoran würzen. Die Zwiebeln mit der Masse bis circa zwei Zentimeter unter den Rand füllen.

Eine feuerfeste Form mit Butter einfetten, die Zwiebeln hineinsetzen, 200 ml der noch heißen Fleischbrühe angießen und im vorgeheizten Backofen bei 200 ° C etwa 30 bis 40 Minuten garen.

Die Champignons putzen, waschen und 150 g davon fein hacken. In Butterschmalz anbraten, die entstehende Flüssigkeit bei offenem Deckel einkochen lassen. Schmelzkäse dazugeben und mit Salz, Pfeffer und Zitronensaft würzen.

Petersilie waschen, kleinschneiden und mit den Schnittlauchröllchen unter die Sauce rühren. Mit Salz und Pfeffer abschmecken. Die Käsemasse auf die Zwiebeln geben, die restlichen Champignons in Scheiben schneiden und mit den restlichen Zwiebelwürfeln in die Brühe geben. Im Ofen weitere 20 Minuten garen. Mit Petersilie garnieren.

Blätterteig - Hackfleischroulade mit Gemüse
von Anita Roll,
Kassier des Schützenvereins Blöcktach

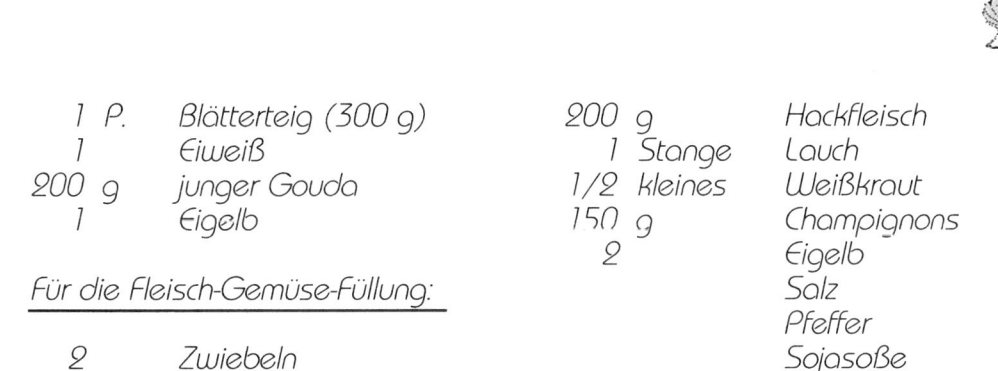

1 P.	Blätterteig (300 g)	200 g		Hackfleisch
1	Eiweiß	1 Stange		Lauch
200 g	junger Gouda	1/2 kleines		Weißkraut
1	Eigelb	150 g		Champignons
		2		Eigelb
				Salz
				Pfeffer
				Sojasoße

Für die Fleisch-Gemüse-Füllung:

2 Zwiebeln
40 g Butter

Die Zwiebeln in der Butter glasig dünsten. Das Hackfleisch hinzufügen und unter Rühren mitschmoren lassen.

Den Lauch und das Weißkraut in Streifen schneiden. Die Champignons blättrig schneiden. Das Gemüse zum Hackfleisch geben und alles halbgar dünsten. Die Masse mit zwei Eigelb abziehen und mit Salz, Pfeffer und Sojasoße pikant abschmecken, dann abkühlen lassen.

Den Blätterteig auftauen lassen und zu einem Rechteck auswellen. Die Fleisch-Gemüse-Masse darauf verteilen und die Teigränder über die Füllung schlagen. Den Käse in feine Streifen schneiden und darüber verteilen. Den Teigrand mit Eiweiß bestreichen und wie einen Strudel aufrollen. Mit Eigelb bestreichen.

Bei 190 ° C etwa 45 Minuten backen. Die Hackfleischroulade heiß servieren.

Dazu passen gemischte Salate.

Ich bereite dieses Gericht sehr gerne zu, wenn ich Gäste erwarte. Man kann es vorbereiten und hat für die Gäste mehr Zeit.

Pizzafladen
von Heinrich Scheibenbogen, Metzgerei in Stöttwang

Für den Hefeteig:

500	g	Mehl
30	g	Hefe
1/4	l	lauwarme Milch
1/2	TL	Salz

Für den Belag:

1	kg	Tomaten oder
2	D.	geschälte Tomaten
1/2	T.	Olivenöl
2		Zwiebeln
		Knoblauchpulver
		Käse (Emmentaler)
		Oregano
		Schinken, Salami, Pilze, Paprika nach Belieben

Aus den Teigzutaten einen Hefeteig zubereiten und gehen lassen.

Die Tomaten schälen, in Stücke schneiden und in eine Schüssel geben. Die Zwiebeln fein hacken und mit Salz, Knoblauchpulver, Olivenöl und Tomaten mischen. Je länger die Tomaten zugedeckt in Olivenöl liegen, desto würziger wird der Belag.

Aus dem Hefeteig mit den Händen circa acht bis zehn runde Teigplatten ziehen und auf das Backblech legen. Die Teigplatten mit der Tomatenmischung bestreichen. Nach Belieben mit Schinken, Salami, Pilzen und Paprika (alles gewürfelt) belegen und mit geriebenem Käse und Oregano bestreuen.

Die Pizzafladen bei 220 ° C circa 15 Minuten backen.

Naturreispfanne
von Petra Wiedenmann, Gastwirtin in Stöttwang

250	g	Langkornreis (natur)
200	g	Karotten
1	Stange	Lauch
1	grüne	Paprikaschote
200	g	Weißkraut
2	EL	Öl
1/8	l	Wasser
200	g	Sojakeime
		Salz
		Pfeffer
		Curry
		Sojasoße
		Essig

Reichlich Wasser in einem Topf zum Kochen bringen. Den Reis waschen, in die kochende Flüssigkeit geben und herunterschalten. Im geschlossenen Topf circa 35 Minuten garziehen lassen.

Die Karotten waschen, schälen und in Scheiben schneiden. Den Lauch längs einschneiden, waschen, in Streifen schneiden und eventuell nochmals waschen, da er innen oft noch sandig ist. Die Paprikaschote waschen, halbieren, entkernen und in Streifen schneiden. Das Weißkraut waschen und ebenfalls in feine Streifen schneiden. Das Öl in einem Topf erhitzen, das Gemüse hinzufügen und andünsten. Das Wasser dazugeben und das Ganze 15 Minuten garen lassen.

Die Sojakeime waschen, in einem Sieb abtropfen lassen und mit dem Naturreis zum Gemüse geben. Mit Curry, Salz, Sojasoße, Essig und Pfeffer abschmecken.

Dazu paßt ein Tomaten-Gurken-Salat.

Man kann das Gericht gut vorbereiten und es ist einmal was, das auch bei vegetarischen Gästen ankommt.

Grünkernküchle

*von Anneliese Steuer,
Mitglied der KLJB Gennachhausen*

50	g	gehackte Zwiebeln
1	EL	Öl
100	g	Grünkernschrot
		Salz
		Lorbeerpulver
2/8	l	Wasser
		(besser Hefebrühe)
30	g	Paniermehl
2		Eier
50	g	geriebener Gouda
		(oder Quark)
2	EL	gehackte Petersilie
		Majoran

Die gehackten Zwiebeln in einer Pfanne mit Öl hellgelb andünsten.

Den Grünkernschrot mit etwas Salz und Lorbeerpulver mischen. Das Wasser (oder Hefebrühe) angießen und aufkochen lassen. Bei kleiner Hitze circa zehn Minuten ausquellen lassen, dabei öfter umrühren. Erkalten lassen.

Das Paniermehl, die Eier, den Käse bzw. Quark, die gehackte Petersilie und etwas Majoran daruntermischen. Mit nassen Händen sechs bis acht Plätzchen formen.

In heißem Öl auf jeder Seite circa drei bis vier Minuten braun braten.

Dazu passen Bohnengemüse und Kartoffeln.

Mehlspeisen

Dampfnudla
von Andrea Heiserer,
1. Vorstand des Theatervereins Frankenried

500	g	Mehl
20	g	Hefe
1/4	l	Milch
150	g	Butterschmalz
2		Eier
		Salz
		Zucker

Die Hefe in etwas vorgewärmter, gezuckerter Milch auflösen und gehen lassen. Das Mehl in eine Schüssel sieben und in die Mitte eine Mulde drücken. Das Milch-Hefe-Gemisch hineingeben und eine halbe Stunde ruhen lassen.

Die restliche Milch und das Salz hinzufügen. Die Hälfte des Butterschmalzes erwärmen und dazugeben. Die Eier und den Zucker einrühren. Den Teig solange schlagen, bis er Blasen wirft. An einem warmen Ort gehen lassen, bis er aufgeht.

Vom Teig knödelgroße Stücke abstechen und diese noch circa 20 Minuten auf einem bemehlten Brett liegen lassen, um ein Nachtreiben zu ermöglichen.

Das restliche Butterschmalz in einem flachen Topf schmelzen lassen. Bis zu zwei Zentimeter hoch Wasser mit Salz und Zucker hinzugießen. Die Nudeln dicht nebeneinander in den Topf setzen, dann den Topf mit einem Deckel gut verschließen. Bei schwacher Hitze circa 20 Minuten backen lassen, bis die "Nudla" unten eine schöne Kruste haben. Den Deckel zwischendurch nicht öffnen, sonst fallen die "Nudla" zusammen.

Dampfnudla werden mit Sauerkraut, Kompott, Marmelade oder Vanillesoße gegessen.

Quarkknödel

von Wenzl Ellenrieder,
Schützenhauptmann der Vorderladerschützen
Dösingen

500 g	Quark
3	Eier
200 g	Grieß
2 EL	Öl
4 EL	geriebene Semmeln
	Salz

Den Quark durch ein Sieb passieren und mit den Eiern verrühren. Den Grieß und eine Prise Salz dazugeben und die gut verarbeitete Masse einige Stunden ruhen lassen.

Mit nassen Händen (damit die Masse nicht klebt) kleine Knödel formen und in Salzwasser kochen.

Wenn sie gar gekocht sind, herausnehmen und in geriebenen, gerösteten Semmeln wälzen.

Nach Geschmack etwas gewärmte saure Sahne über die Knödel gießen und mit Puderzucker garnieren.

Semmelschmarrn
von Renate Ficker,
Bedienung im Schützenheim Stöttwang

1/4 l	Milch
2	Eier
1 EL	Puderzucker
1	ungespritzte Zitrone (Schale)
50 g	Rosinen
60 g	Butter
	Zimt
200 g	Knödelbrot

Die Milch mit den Eiern, dem Zucker und der abgeriebenen Zitronenschale verquirlen und unter das Knödelbrot ziehen. Die eingeweichten Rosinen untermengen.

In einer Pfanne Butter erhitzen, die Masse einfüllen und in der Backröhre unter gelegentlichem Wenden knusprig braun backen.

Vor dem Servieren mit Zucker und Zimt bestreuen.

Dazu schmecken hausgemachtes Aprikosen-, Zwetschgen- oder Mirabellenkompott sehr gut.

Reisauflauf mit Obst
von Annelies Kramlich,
Beisitzerin beim Schützenverein Waldlust

1 1/2 l	Milch
ca. 350 g	Milchreis
	(ca. eine große Tasse)
5 - 6	Eier
etwas	Butter
ca. 200 g	Zucker (je nach Obst
	und Geschmack)
1 Gl.	gesüßte Sauerkirschen
	oder
	Zwetschgen (entsteint)
	oder
	frisches Obst
	(Zwetschgen, Äpfel...)

Den Milchreis in der Milch bei schwacher Hitze unter ständigem Rühren circa 20 Minuten weichkochen. Nach dem Erkalten Eier und Zucker unterrühren.

Eine feuerfeste Form mit Butter einfetten. Die Hälfte des Reises einfüllen, eine Schicht Obst darübergeben und mit dem Rest des Reises abdecken.

Den Auflauf bei 200 ° C circa 60 Minuten auf mittlerer Schiene backen.

Dieses Gericht wird von Kindern sehr gern gegessen.

Apfelbettelmann
von Matthias Häfele,
Ehrenmitglied des Schützenvereins Waldlust

	Apfelkompott
250 - 300 g	altbackenes Schwarzbrot (Rinde entfernen)
2 - 3 TL	Zimt und Zucker (je nach Geschmack, etwas mehr Zucker)
	Butter

Eine kleinere Auflaufform mit Butter ausstreichen.

Das Schwarzbrot zerbröseln und mit Zimt und Zucker mischen. Abwechselnd eine Schicht Brotbrösel und eine Schicht Apfelkompott in die Auflaufform geben, bis alle Zutaten verbraucht sind. Mit Brotkrümeln aufhören.

Butterflöckchen daraufsetzen und circa 20 Minuten bei 180 ° C backen.

Krautschlangen
von Richard Sirch,
Vorstand der Schützengemeinschaft Stötten

500 g	Mehl
etwas	Salz
750 g	Sauerkraut
Fett oder Öl	zum Ausbacken

Das Sauerkraut mit etwas Wasser kurz kochen lassen.

Circa ein Drittel des Mehles (der Teig sollte auf dreimal gemacht werden) in eine Schüssel geben, wenig Salz und ein Drittel des ausgedrückten Sauerkrautes dazugeben und mit der Hand zu einem Teig verarbeiten.

Auf dem Nudelbrett "kleinfingerdicke" Nudeln in beliebiger Länge (ca. 20 bis 40 cm) formen; bei Bedarf etwas Mehl zufügen.

In einer Pfanne reichlich Fett oder Öl erhitzen. Die Nudeln schlangenförmig hineinlegen und auf beiden Seiten knusprig backen. Anschließend zum Warmhalten in einen Tiegel legen.

Mit den restlichen Zutaten weiterverfahren, wie oben beschrieben. Bei Bedarf muß Fett oder Öl zugegeben werden.

Zum Schluß wird in das Krautwasser, das sich vom Kochen und Ausdrücken ergibt, etwas Mehl eingerührt. Ein paar Lagen Nudeln in die Pfanne geben, die Soße darübergießen und einmal aufkochen lassen.

Einen Teil der Nudeln ißt man in der Soße, den Rest kann man ohne Soße essen. Dazu wird Milch getrunken.

Allgäuer Kässpatzen

von Anton Steuer,
Ortsobmann BBV
Reichenbach/Gennachhausen

500 g	Mehl
6 - 8	Eier
1/8 l	Wasser
etwas	Salz
250 g	geriebener Emmentaler (noch besser Allgäuer Bergkäse)
50 g	Rahmromadur oder Weißlacker (wer´s würziger mag)
	Zwiebeln nach Belieben

Mehl, Eier, Wasser und Salz in eine Schüssel geben und locker mischen (der Teig muß noch grob aussehen, darf nicht zu abgeschlagen sein). Den Teig 20 Minuten stehen lassen.

In einem Topf Wasser mit etwas Salz zum Kochen bringen. Den Teig portionsweise durch einen Spätzlehobel in das kochende Salzwasser drücken. Die Spätzle ein- bis zweimal aufkochen lassen. Mit einem Schaumlöffel herausnehmen. Nicht mit Wasser abschrecken!

Abwechselnd eine Lage Spätzle und eine Lage gemischten Käse in eine vorgewärmte Schüssel schichten, bis Spätzle und Käse aufgebraucht sind. Die Kässpatzen warmstellen.

Zwiebeln kleinschneiden und in viel Butter bräunen lassen. Über die Spätzle verteilen. Zuletzt noch etwas gemahlenen schwarzen Pfeffer über die Kässpatzen streuen. Sofort servieren.

Dazu schmeckt Kopf- oder Endiviensalat.

Geeignetes Getränk dazu ist kühle Milch.

Krautspätzle
von Kurt Rossmanith,
Mitglied des Deutschen Bundestages

500 g	Allgäuer Spätzle
	Meersalz
	weißer Pfeffer
2	kleine Knoblauchzehen
400 g	Zwiebeln
4 TL	Sonnenblumenöl
800 g	Sauerkraut
12 EL	Paprikapulver (edelsüß)
400 g	saure Sahne

Spätzle zubereiten.

Die feingewürfelten Zwiebeln und den zerdrückten Knoblauch in zwei Teelöffeln Öl anbraten. Das Sauerkraut dazugeben und mit Salz, Pfeffer und 4 Eßlöffeln Paprikapulver würzen. Unter Wenden fünf Minuten dünsten.

Das Sauerkraut und die Spätzle mischen und in eine mit dem restlichen Öl gefettete Auflaufform geben.

Die saure Sahne mit Pfeffer verrühren und über die Krautspätzle geben. Mit dem restlichen Paprikapulver bestreuen.

Die Krautspätzle im vorgeheizten Backofen bei 200 ° C zehn Minuten garen.

Dazu empfehle ich einen leichten trockenen Weißwein.

"Russische Käsetörtchen"
von Magnus Stuiber,
1. Gauschützenmeister des Schützengaus
Kaufbeuren/Marktoberdorf

500	g	Mehl
1	P.	Trockenhefe
1	Pr.	Zucker
1	TL	Salz
1/4	l	lauwarme Milch
125	g	Briekäse
125	g	Schafskäse
250	g	Quark
1	EL	Butter
1		Ei
1		Eigelb
1	Bd.	Petersilie

Das Mehl mit der Hefe, dem Zucker, dem Salz und der Milch zu einem geschmeidigen Teig verkneten. Den Teig mit etwas Mehl bestäuben und zugedeckt an einem warmen Platz gehen lassen, bis sich sein Volumen verdoppelt hat (circa 45 Minuten).

Den Brie- und den Schafskäse pürieren und mit dem Quark, der Butter und dem Ei verrühren.

Den Hefeteig nochmals durchkneten, auf einer bemehlten Arbeitsfläche ausrollen (circa 4 mm dünn) und 25 Kreise (10 cm Durchmesser) ausstechen. Die Käsemischung darauf verteilen und die Teigränder einen Zentimeter breit über die Füllung ziehen.

Die Törtchen auf ein gebuttertes Backblech setzen und die Teigränder mit dem verquirlten Eigelb bestreichen. Die Törtchen zugedeckt 15 Minuten gehen lassen. Anschließend im vorgeheizten Backofen auf der mittleren Schiene 20 bis 25 Minuten bei 200 ° C goldgelb backen.

Die Petersilie waschen, trocknen und hacken. Auf die noch warmen Törtchen streuen und servieren.

Nachspeisen

Mascarpone-Creme
von Markus Hölzle,
Schütze beim Schützenverein Waldlust

1	D.	Mandarinen (375 g)
125	g	Löffelbiskuits
5	El	Rum
250	g	Mascarpone
75	g	Zucker
1/2		Vanilleschote
125	ml	Milch
125	g	Schlagsahne
50	g	Schokostreusel
500	g	Magerquark

Die Löffelbiskuits auf der Zuckerseite mit Rum beträufeln und durchziehen lassen.

Quark, Mascarpone, Zucker, Vanillemark und Milch verrühren. Sahne steif schlagen und vorsichtig unterheben.

Biskuits, Mandarinen (bis auf zehn Stück zum Verzieren) und Mascarpone-Creme abwechselnd in eine Schüssel schichten. Kalt stellen.

Vor dem Servieren mit den restlichen Mandarinen und Schokostreuseln verzieren.

Sehr gut als Nachspeise oder zu Partys.

Brandy-Buttermilch-Pudding

von Margit Göster,
Kundenberaterin der Sparkasse Stöttwang

Für den Teig:

125 g	Margarine
140 g	Zucker
2	Eier
140 g	Mehl
2 TL	Backpulver
1 Pr.	Salz
250 ml	Buttermilch
250 ml	Milch

Für die Soße:

70 ml	Wasser
70 ml	Brandy
60 g	Zucker
1 Pr.	Salz

Die Margarine, den Zucker und die Eier schaumig rühren. Mehl, Backpulver, Salz, Buttermilch und Milch unterrühren.

Den Teig in eine gefettete Auflaufform füllen und bei 180 ° C circa 45 Minuten backen.

Inzwischen das Wasser, den Brandy, den Zucker und das Salz unter ständigem Rühren so lange erhitzen, bis sich der Zucker vollständig in der Soße auflöst.

Die noch warme Soße über den fertig gebackenen, heißen Teig gießen.

Nach 15 Minuten ist die Soße in den Pudding eingezogen und es können einzelne Portionen abgestochen werden.

Der noch warme Pudding kann mit Vanille - Eis serviert werden, aber auch kalt schmeckt er gut zum Nachmittags-Kaffee!

Halbgefrorenes

*von Annemarie Jocher,
Gaujugendsprecherin des Schützengaus
Kaufbeuren/Marktoberdorf*

3		säuerliche Äpfel mit Schale
1		Zitrone (Schale)
40	ml	Apfelschnaps
150	g	Zucker
75	ml	Apfelsaft
3		Eiweiß
300	g	Sahne

Die Äpfel reiben und mit der abgeriebenen Zitronenschale und dem Apfelschnaps mischen.

In einem Topf den Apfelsaft und den Zucker erhitzen, bis der Zucker glasiert.

Eiweiß und Sahne getrennt steif schlagen und unter die Apfelmasse heben. Das Ganze in eine Kastenform, die mit Folie ausgelegt ist, füllen. Circa eine Stunde in den Gefrierschrank stellen.

Das Halbgefrorene eventuell mit heißen Himbeeren servieren.

Guten Appetit!

Walnußhalbgefrorenes mit Aprikosenmark

*von Sieglinde Renner,
Gastwirtin in Beckstetten*

5		Eigelb
125 g		Honig
250 g		Sahne
100 g		Walnüsse
2 cl		Rum
		getrocknete Aprikosen
1/2		Zitrone (Saft)
1 P.		Vanillezucker

Die Sahne mit 25 Gramm Honig steif schlagen und kaltstellen.

Die Eigelb mit dem Rührgerät so lange schaumig rühren, bis eine cremige Masse entstanden ist (etwa fünf Minuten). Falls die Masse noch warm ist, auf Eis oder im kalten Wasser kaltschlagen.

Die Walnüsse fein mahlen und den Rum dazugeben. Die geschlagene Sahne unterheben. Die Masse in Dessertschalen füllen.

Für das Aprikosenmark Trockenaprikosen in Wasser einweichen, so daß sie gerade bedeckt sind. Eventuell Honig dazugeben. Dann mit dem Saft einer halben Zitrone und Vanillezucker abschmecken. Das Ganze circa ein bis zwei Stunden ziehen lassen., anschließend im Mixer pürieren.

Das Aprikosenmark auf der Walnußmasse verteilen und servieren.

Kuchen/Torten

Schützenzopf
von Resi Specht, Schützenwirtin in Oberthingau

Für den Hefeteig:

1	kg	Mehl
1/2	l	Milch (circa)
1	EL	Margarine
1/2	TL	Salz
1/2		Zitrone (Saft und Schale)
1	EL	Zucker
1	W.	Hefe
1	TL	Zucker

Für die Füllung:

200	g	gemahlene Haselnüsse
2	Msp.	Zimt
1	P.	Vanillezucker
2 1/2	TL	Zucker

Für die Glasur:

150	g	Puderzucker

Die Hefe mit einem Teelöffel Zucker verrühren. Aus den restlichen Teigzutaten einen festen Hefeteig herstellen und an einem warmen Ort zugedeckt circa 90 Minuten gehen lassen.

Die Zutaten für die Füllung vermischen und nur soviel Wasser beimengen, bis eine streichfähige Masse entsteht.

Den Hefeteig teilen und auf Vierecke (35 cm x 35 cm) auswalken, mit der Füllung bestreichen und von zwei gegenüberliegenden Seiten einrollen. Die beiden Rollen trennen und bis zur Mitte einschneiden. Anschließend die Rollen über Kreuz legen und so verschlingen, daß der Einschnitt immer nach oben zeigt.

Die Zöpfe auf ein gut gefettetes Backblech legen, leicht mit Mehl bestäuben und zugedeckt circa 90 Minuten gehen lassen.

Die Zöpfe bei 180 °C (Heißluft) 35 bis 40 Minuten backen.

Puderzucker mit Wasser dick anrühren und die Nußzöpfe damit bestreichen.

Herrenkuchen

von Marianne Meichelböck,
Schriftführerin des Schützenvereins
Andreas-Hofer, Kaufbeuren

250	g	Butter oder Margarine
250	g	Zucker
		Rumaroma
6		Eier
180	g	Stärkemehl
180	g	Mehl
3	TL	Backpulver
		Schokoglasur

Butter mit Zucker schaumig rühren. Das Rumaroma hinzufügen und nach und nach die Eier einzeln unterrühren.

Das Mehl und die Stärke sieben, mit Backpulver vermengen und unter den Teig rühren.

Den Teig in eine gefettete Backform geben und bei 180 ° C circa 70 Minuten backen.

Den ausgekühlten Kuchen mit Schokoglasur überziehen.

Apfelkuchen
von Margit Schütze,
Mitglied des Schützenvereins Westendorf

Für den Teig:		Für die Füllung:	
300 g	Mehl	1 kg	säuerliche Äpfel
200 g	Butter	1	Zitrone (Saft)
175 g	Zucker	50 g	Rosinen
1	Ei	50 g	Zucker
1	Zitrone (Schale)	1/2 TL	Zimt
		2	Eier
		2 EL	Milch
		1 EL	Zucker
		1 EL	Vanille-Puddingpulver

Das gesiebte Mehl mit der Butter, dem Zucker, dem Ei und der Zitronenschale verkneten. Den Teig zugedeckt zwei Stunden im Kühlschrank ruhen lassen.

Die Äpfel schälen, vierteln, vom Kernhaus befreien und in dünne Scheiben schneiden. Mit dem Zitronensaft, den Rosinen, dem Zucker und dem Zimt mischen.

Den Teig ausrollen und Boden und Rand einer Springform damit auslegen. Etwas Teig für das Gitter zurückbehalten und in Streifen schneiden. Den Teigboden mit einer Gabel mehrmals einstechen. Die Äpfel auf dem Boden verteilen.

Die Eier mit der Milch, dem Zucker und dem Puddingpulver verquirlen und über die Äpfel gießen. Die Teigstreifen gitterartig darüberlegen.

Den Kuchen auf der 2. Schiene von unten im vorgeheizten Ofen bei 200 ° C circa 50 bis 60 Minuten backen. In der Form abkühlen lassen, dann auf ein Gitter stürzen.

Den Kuchen lauwarm genießen - so schmeckt er am allerbesten!

Amerikanischer Pfirsichkuchen

von Petra Fischer, Moderatorin bei Radio Ostallgäu

125 g	Butter
125 g	Zucker
2	Eier
125 g	Mehl

Für den Belag:

6 - 7	Pfirsiche
150 g	Mehl
75 g	Butter
75 g	Zucker
1 P.	Vanillezucker

Die Butter schaumig rühren, nach und nach den Zucker und die Eier dazugeben. Das Mehl sieben und unter den Teig rühren.

Den Teig in eine gefettete Springform (26 cm Durchmesser) füllen.

Für den Belag die Pfirsiche schälen, achteln und kranzförmig auf den Teig legen. Das Mehl mit dem Zucker und dem Vanillezucker mischen. Die Butter in Flöckchen dazugeben und alle Zutaten mit dem Knethaken des Handrührgerätes zu Streuseln verarbeiten. Die Streusel auf den Pfirsichen verteilen.

Den Kuchen bei 175 ° C circa 35 Minuten im vorgeheizten Backofen backen.

Diesen Kuchen habe ich in den USA bei Verwandten gegessen und war begeistert. Er läßt sich schnell backen und der Teig läßt sich wunderbar auch mit Äpfeln oder Zwetschgen belegen.

Käseheidelbeerkuchen
von Rita Bader,
Köchin in der Schützengaststätte Kraftisrie

Für den Mürbteig:

250 g	Mehl	
100 g	Zucker	
125 g	Butter oder Margarine	
1	Ei	
1 Pr.	Salz	
1 Pr.	Zimt	
etwas	Vanille- und Zitronenaroma	

Für die Heidelbeerfüllung:

1 Gl.	Heidelbeeren (ca 400 g)
100 g	Zucker
50 g	Stärkemehl
1 TL	Zimt

Für die Käsemasse:

750 g	Quark
250 g	Zucker
60 g	Stärkemehl
6	Eier
1/4 l	süße Sahne
1	Zitronenaroma

Aus den Teigzutaten einen Mürbteig herstellen. Eine Käsekuchenform (28 cm Durchmesser) damit auslegen, dabei einen Rand hochziehen.

Die Heidelbeeren abtropfen lassen. Einen Viertelliter Heidelbeersaft mit dem Zucker und dem Zimt zum Kochen bringen und das angerührte Stärkemehl unterrühren. Kurz aufkochen lassen, den Topf beiseite stellen und die Heidelbeeren untermengen. Den Quark mit der Hälfte des Zuckers, den Eigelb, dem Stärkemehl und dem Zitronenaroma verrühren. Eiweiß mit dem restlichen Zucker zu steifem Schnee schlagen. Sahne steif schlagen. Beides gleichzeitig unter die Quarkmasse heben.

Die Heidelbeermasse auf den Teig füllen, die Quarkmasse darübergeben und glattstreichen. Im vorgeheizten Backofen bei 220 ° C circa 20 bis 30 Minuten backen. Sobald die Oberfläche des Kuchens eine hellgelbe Farbe aufweist, muß der Rand circa einen Zentimeter tief eingeschnitten werden, damit die Oberfläche nicht reißt. Anschließend den Backofen auf 180 ° C zurückschalten.

Wenn die Quarkmasse circa zwei bis drei Zentimeter über den Rand gezogen ist, muß der Kuchen aus dem Ofen genommen werden und so lange stehen, bis er sich wieder zu seiner ursprünglichen Höhe gesenkt hat.

Bananenkuchen
von Erich Ruther,
1. Schützenmeister NAWE Eggenthal

250	g	Margarine
250	g	Zucker
4		Eier
100	g	gemahlene Nüsse
2	TL	Zimt
2	TL	gemahlene Nelken
2	EL	Kakao
2	EL	Rum
4		zerdrückte Bananen
150	g	Rosinen
300	g	Mehl
1	P.	Backpulver
		Schokoladenglasur

Aus Margarine, Zucker und den Eiern einen Rührteig bereiten. Die Nüsse, den Zimt, die gemahlenen Nelken, den Kakao und den Rum dazugeben.

Das Mehl mit dem Backpulver mischen und ebenfalls unterrühren.

Die Rosinen in Wasser einweichen und abtropfen lassen. Mit den zerdrückten Bananen unter den Teig heben.

Ein Backblech mit Backtrennpapier auslegen. Den Teig daraufgeben und verstreichen.

Im vorgeheizten Backofen bei 160 ° C (Gas Stufe 1 1/2) circa 50 bis 60 Minuten backen.

Nach dem Erkalten mit Schokoladenglasur überziehen.

Guten Appetit!

Frankfurter Kranz
von Mathilde Hölzle,
Ehrenmitglied beim Schützenverein Waldlust

Für den Teig:		Für die Buttercreme:	
200 g	Sanella	3/4 l	Milch
300 g	Zucker	375 g	Butter
6	Eier	2 P.	Vanille- oder
1	Zitrone (Saft)		Sahnepudding
300 g	Mehl	150 g	Zucker
100 g	Mondamin		
2 P.	Vanillezucker	1 Gl.	Preiselbeeren
1 P.	Backpulver		Mandelblättchen

Sanella, Zucker, Eigelb und Zitronensaft verrühren. Das gesiebte Mehl und Mondamin darunterrühren. Eiweiß zu steifem Schnee schlagen und unter den Teig heben.

Den Teig in eine gut eingefettete Kranzform geben und circa 40 bis 45 Minuten bei 180 ° bis 200 ° C backen.

Aus der Milch und dem Puddingpulver einen Pudding herstellen. Den Zucker unter den heißen Pudding rühren. Erkalten lassen.

Die Butter schaumig rühren, anschließend löffelweise den kalten Pudding unterrühren.

Den erkalteten Kuchen dreimal durchschneiden. Zweimal mit Buttercreme und einmal mit Preiselbeeren füllen.

Den Kuchen außen mit Buttercreme bestreichen und mit gerösteten Mandelblättchen bestreuen.

Mocca-Joghurt-Torte
von Marlene Holderried,
Schützenheim Bewirtung, Aitrang

1/2	l	Sahne
3	B.	Mocca-Joghurt
100	g	Zucker
8	Bl.	Gelatine
1	Tafel	Zartbitterschokolade
2	Bl.	Gelatine
1	gr. Tasse	heiße Milch
1		dunkler Biskuitboden

Einen Tortenring um den Biskuitboden legen.

Für die Mocca-Masse den Mocca-Joghurt und den Zucker verrühren. Acht Blatt Gelatine einweichen, ausdrücken und erhitzen. Die aufgelöste Gelatine unter die Mocca-Masse rühren, die Sahne steif schlagen und unter die Masse heben. Auf dem Tortenboden verteilen. Im Kühlschrank fest werden lassen.

Für die Schokoladenmasse die Milch erhitzen und die Schokolade hineingeben. Die restliche Gelatine einweichen, ausdrücken, erhitzen und unter die Masse rühren. Etwas abkühlen lassen.

Die abgekühlte Masse auf die Mocca-Masse geben.

Die fast fertige Torte mit Sahnetupfen und Moccabohnen verzieren.

Guten Appetit!

Marmorierte Himbeertorte

von Erwin Nieberle,
Dirigent der Singgemeinschaft
Stöttwang/Frankenried

<u>Für den Teig:</u>

3		Eier
120	g	Zucker
120	g	Mehl
3	EL	heißes Wasser
1/2	TL	Backpulver (gestrichen)

<u>Für die Quarkcreme:</u>

500	g	Magerquark
150	g	Zucker
2	B.	Sahne
6	Bl.	Gelatine
2	P.	Vanillezucker

<u>Für die Himbeercreme:</u>

250	g	Himbeeren
1 1/2	EL	Zucker
3	Bl.	rote Gelatine

Aus den Teigzutaten einen Biskuitboden backen.

Für die Himbeercreme die Himbeeren pürieren und mit dem Zucker vermischen. Die eingeweichte und aufgelöste Gelatine unterrühren. Die Creme leicht erstarren lassen.

Für die Quarkcreme den Quark mit dem Zucker und dem Vanillezucker verrühren. Die eingeweichte und aufgelöste Gelatine unterrühren. Die steifgeschlagene Sahne unterheben.

Einen Tortenring um den erkalteten Biskuitboden legen. Die Hälfte der Quarkcreme auf den Boden streichen, die Hälfte der Himbeercreme darauf verteilen und mit einer Gabel etwas verrühren. Den Rest der Quarkmasse daraufgeben und den Rest der Himbeercreme mit einer Gabel spiralenförmig durch die Quarkmasse ziehen. Die Torte einige Stunden im Kühlschrank erkalten lassen.

Nach Belieben mit Sahnetupfen und Himbeeren verzieren.

Johannisbeertorte
von Wendelin Happach, 1. Schützenmeister Germaringen

Für den Biskuitteig:

3	Eier
120 g	Zucker
120 g	Mehl

Für den Belag:

1/2 P.	Götterspeise Himbeergeschmack
75 g	Zucker
200 g	Frischkäse
	Zitronensaft
500 g	Johannisbeeren
2 B.	Sahne

Für den Biskuitboden die Eier mit dem Zucker schaumigrühren. Dann das Mehl vorsichtig unterheben. Den Teig in eine Springform geben und bei 180 °C circa 25 Minuten backen.

Für die Creme die Götterspeise nach Gebrauchsanleitung herstellen.

Zucker, Frischkäse und Zitronensaft verrühren. Die Götterspeise dazugeben und ansteifen lassen. Die gewaschenen und entstielten Johannisbeeren daruntermischen. Sahne steif schlagen und unterheben.

Einen Tortenring um den Biskuitboden legen. Die Johannisbeercreme auf dem Boden verteilen und glattstreichen. Im Kühlschrank erkalten lassen.

Die Torte mit Sahne und Johannisbeeren garnieren.

Rhabarber-Quark-Torte

von Marita Schuster,
1. Schützenmeisterin der Tell-Schützen
Dösingen

Für den Teig:

150 g	Mehl
50 g	Zucker
1 P.	Vanillinzucker
1	Eigelb
100 g	Butter oder Margarine

Zum Verzieren:

Schokoladenraspel

Für den Belag:

750 g	Rhabarber
150 g	Zucker
6 Bl.	rote Gelatine
8 Bl.	weiße Gelatine
500 g	Quark
125 g	Zucker
1	Zitrone (Saft und Schale)
2 EL	Rum
3/8 l	Sahne

Mehl, Zucker, Vanillinzucker, Eigelb und Butter schnell zu einem Mürbteig kneten. Eine gefettete Springform (26 cm Durchmesser) damit auslegen, dabei den Rand etwas hochziehen. Bei 200 ° C (Elektroherd) oder Stufe 3 (Gasherd) 20 Minuten backen.

Für den Belag den Rhabarber schälen und in Stücke schneiden. Die Rhabarberstücke mit dem Zucker zugedeckt weichdünsten. Die eingeweichte und ausgedrückte rote Gelatine unterrühren. Die Masse erstarren lassen.

Für die Quarkcreme die weiße Gelatine einweichen. Quark, Zucker, Rum, Zitronenschale und -saft verrühren. Die Gelatine auflösen und unterrühren. Die Sahne steif schlagen und unterziehen.

Die Quarkcreme im Wechsel mit dem Rhabarber auf den Mürbteig geben. Die Torte mit Schokoladenraspel verzieren.

Im Kühlschrank ein bis zwei Stunden fest werden lassen.

Pfirsichtorte

von Erna Fahr,
Sportleiterin Schützenverein Sulzschneid

Für den Teig:

- 75 g Butter
- 75 g Zucker
- 2 Eier
- 1 P. Vanillinzucker
- 1 Pr. Salz
- 150 g Mehl
- 1 TL Backpulver
- 2 EL Milch

Für den Belag:

- 1/2 l Sahne
- 1 D. Pfirsiche
- 1/4 l Maracujasaft
- 2 B. Vanillinsoßenpulver (ohne Kochen, von Dr. Oetker)

Die Butter schaumig rühren, Zucker und Eier dazugeben. Vanillinzucker, Salz, Mehl, Backpulver und Milch unterheben. Den Teig in eine Springform füllen und bei 175 °C circa 20 Minuten backen.

Die Pfirsiche gut abtropfen lassen und in kleine Stücke schneiden.

Die Sahne steif schlagen und mit den Pfirsichen mischen. Die Pfirsichsahne auf dem Tortenboden verteilen.

Maracujasaft mit dem Soßenpulver verrühren und über die Torte verteilen.

Die Torte einige Stunden kaltstellen.

Gebäck

Nußecken

von Herbert Göster,
1. Schützenmeister des Schützenvereins Adler
in Oberostendorf

Für den Teig:		Für den Belag:	
150 g	Mehl	100 g	Butter
65 g	Zucker	100 g	Zucker
65 g	Margarine	etwas	Vanillezucker
1	Ei	100 g	gemahlene Nüsse
	Vanillezucker nach Belieben	100 g	gehobelte Nüsse
1/2 TL	Backpulver	2 EL	Aprikosenmarmelade
			Schokoladenglasur

Aus den Teigzutaten einen Knetteig herstellen. Einige Zeit kühl stellen.

Inzwischen für die Nußmasse Butter, Zucker, Vanillezucker und etwas Wasser erhitzen und kurz aufkochen lassen. Die Nüsse dazugeben und gut umrühren. Etwas auskühlen lassen.

Den Teig ausrollen und auf ein Backblech (32 x 24 cm) legen. Mit zwei Eßlöffeln Aprikosenmarmelade bestreichen. Danach die etwas abgekühlte Nußmasse darauf verteilen. Bei guter Mittelhitze 20 bis 30 Minuten backen.

Nach dem Backen die warme Kuchenmasse sofort in Vierecke (circa 8 x 8 cm) und diese dann in Dreiecke schneiden.

Die abgekühlten Nußecken mit Schokoladenglasur bestreichen.

Tip: Selbsthergestellte Marmelade oder Gelee und Schokoladenglasur schmecken noch besser!

Hasenohren

*von Gerhard Heiserer,
1. Schützenmeister des Schützenvereins
Waldlust*

250	g	Mehl
1	Pr.	Salz
2	EL	zerlassene Butter
2	TL	Zucker
2		Eier
2	EL	Sauerrahm
		Öl oder Fett zum Ausbacken

Das Mehl mit Salz und Zucker auf einem Nudelbrett mischen. Butter, Rahm und Eier zugeben.

Den Teig mit den Händen rasch zusammenkneten (der Teig darf nicht kleben). Kleine Fladen messerrückendick auswellen. Längliche Dreiecke in Form von Hasenohren ausradeln.

Die Hasenohren im heißen Fett schwimmend hellgelb ausbacken, sie sollten schöne Blasen bilden.

Am besten schmecken sie noch warm zu Kaffee. Es paßt auch Kompott, z.B. Rhabarberkompott gut dazu.

Hawaiischnitten

*von Johann Merk,
Schütze beim Schützenverein Waldlust*

Für den Teig:			Für den Belag:	
300 g	Mehl		1/4 l	Sahne
2 TL	Backpulver		1 P.	Vanillezucker
130 g	Butter		500 g	Quark
200 g	Zucker		1 TL	Öl
1	Ei		2	Eigelb
			150 g	Zucker
			2 D.	Ananasscheiben (klein)
			1 D	Mandarinen (klein)
			2 P.	klarer Tortenguß
			1	Eiweiß

Aus den Teigzutaten einen Mürbteig herstellen. Den Teig auf einem gefetteten Backblech ausrollen.

Für den Belag die Sahne steif schlagen. Vanillezucker, Quark, Öl, Eigelb, Zucker und Eiweiß unter die Sahne rühren. Die Masse auf den Mürbteig streichen. Die Ananasscheiben und die Mandarinen abtropfen lassen und die Quarkmasse damit belegen. Den Kuchen bei 180 ° C circa 30 bis 40 Minuten backen.

Nach dem Erkalten mit Tortenguß überziehen.

Gefüllte Mandelstangen

von Alois Allgaier,
Ehrenschützenmeister der "Alpenrose"
Kraftisried

200	g	Mehl
2	TL	Backpulver (gestrichen)
100	g	Zucker
1	P.	Vanillezucker
1		Eigelb
1/2		Eiweiß
100	g	Butter
1	Pr.	Salz
		Mandelblättchen
		Marmelade
		Schokoladenglasur

Das Mehl mit dem Backpulver gemischt auf ein Backbrett sieben. In die Mitte eine Vertiefung drücken. Zucker, Vanillezucker, Salz, Eigelb und Eiweiß hineingeben und die Zutaten zu einem Brei verrühren. Die Butter dazugeben und das Ganze zu einem Teig kneten.

Den Teig dünn ausrollen und in Streifen schneiden. Die Streifen mit Eiweiß bestreichen und mit Mandelblättchen bestreuen. Anschließend auf ein Backblech legen und bei circa 180 ° C goldgelb backen.

Nach dem Abkühlen die Unterseite der Mandelstangen mit Marmelade bestreichen und jeweils zwei Stangen zusammensetzen. Die Enden in Schokoladenglasur tauchen.

"Schützenmeisters liebste Lebkucha"
von Marianne Huf,
Mitglied der Prinz-Alfons-Schützen Hirschzell

875	g	Mehl
375	g	Zucker
250	g	Kunsthonig
2		kleine Eier
1/8	l	Wasser
15	g	Natron
2	P.	Lebkuchengewürz
		abgezogene Mandeln

Zucker, Honig und Wasser kurz aufkochen lassen. Das Mehl in eine Schüssel sieben und in die Mitte eine Grube drücken. Das Natron in die Grube streuen und das heiße Zucker-Honig-Gemisch daraufgeben. Die Masse zehn Minuten zugedeckt ruhen lassen.

Danach die Hälfte des Mehls in den Honig rühren und das Ganze nochmals eine Viertelstunde zugedeckt stehen lassen.

Die Eier und die Gewürze zu der Masse geben und alles zu einem glatten Teig verarbeiten.

Aus dem Teig Lebkuchen ausstechen, mit Ei bestreichen und mit abgezogenen Mandeln belegen (oder nach der Backzeit mit Guß verzieren).

Bei guter Mittelhitze circa zwölf Minuten backen.

Lebkuchen
von Thomas Riefler,
Gruppenführer der Freiwilligen Feuerwehr Stöttwang

1750	g	Mehl
750	g	Zucker
500	g	Honig
3		Eier
25	g	Natron
125	g	Butter
2	P.	Lebkuchengewürz
1/4	l	Wasser

Das Natron mit lauwarmem Wasser auflösen und in das Mehl einen kleinen Dampf machen. Das Ganze eine Viertelstunde gehen lassen.

Den Zucker, Honig und das Wasser kochen lassen und nach dem Abkühlen alles miteinander vermengen.

Den Teig über Nacht stehen lassen, besser noch etwas länger.

Den Lebkuchenteig möglichst dick ausrollen (mindestens 1 cm dick). Dann mit einem Glas die Lebkuchen ausstechen und auf ein Backblech setzen. Bei 200 ° C (Heißluft 180 ° C) circa 15 bis 20 Minuten backen.